いのち寿《ことほ》ぐために

「たすけあい佐賀」の宅老所から

福岡賢正

南方新社

本書は２０１３年４月から２０１４年３月まで、毎日新聞西部本社版に連載された「いのち寿ぐために―『たすけあい佐賀』の宅老所から―」を一冊にまとめたものです。

利用者のお年寄りとその家族は一部を除いて仮名にしています。

また年齢や肩書き、具体的な数字や利用者・職員についての説明は新聞連載時のまま記載しています。

いのち寿ぐために——もくじ

「生きる」を支える　9

思いをつないで

ぬくもりを感じながら　137

装丁　オーガニックデザイン

「生きる」を支える

老婆は一日にしてならず

「これからサンキュー会を始めます。サンキュー会というのは、私たち職員から皆さんにサンキュー、感謝の気持ちで開く会です。楽しく遊んで皆さんの皺《しわ》が３本？　４本ぐらい伸びるかな？」

所長の満岡緑さん（57）の名司会にソファや車椅子に座ったお年寄りたちが「あはは」と笑う。中には顔の皺を引っ張って伸ばしている人も。すかさず満岡さんが突っ込む。

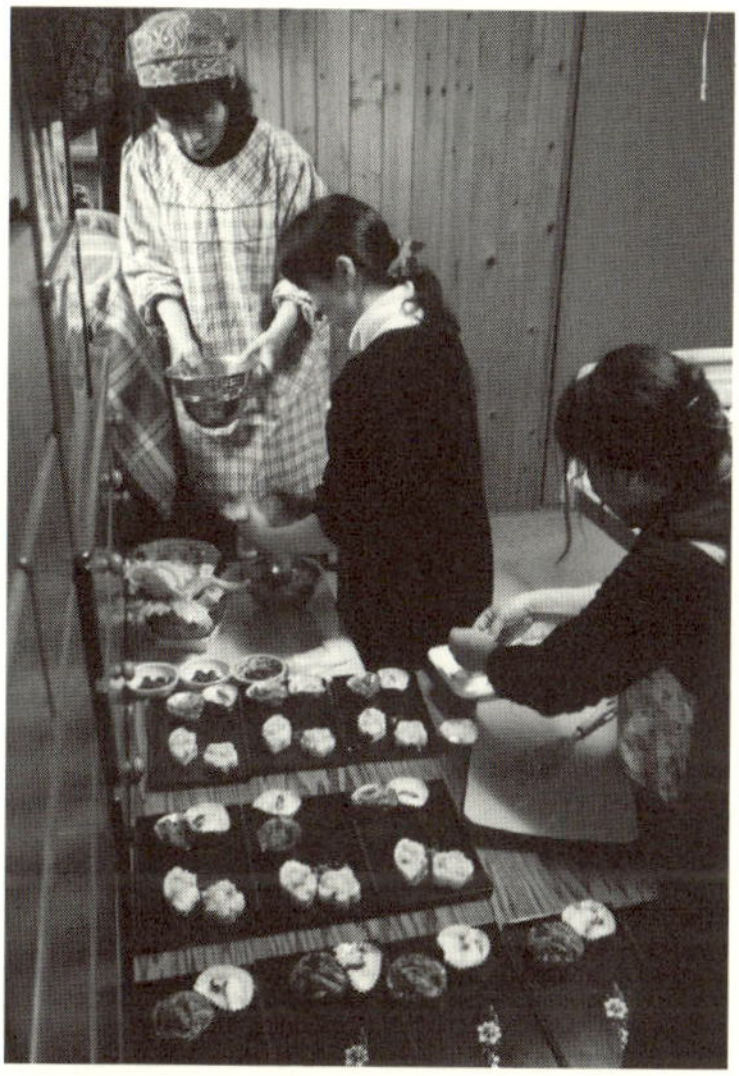

サンキュー会用のおごちそうを手分けして作る「柳町」の職員たち。昔の家でよく見られた光景だ

「下に引っ張ったらいかん。上にせな。そうそう、上に上に引き上げんば。そうそうそうそうそう」

つられて何人かが顔の皮を手のひらで上に押し上げる。互いにその姿を見て「ぷはは」と噴き出し、元のしわし

普通の民家を改修した宅老所「柳町」の外観

わ顔に。

ここは宅老所「柳町」。佐賀市のＮＰＯ法人「たすけあい佐賀」が市内の普通の民家を改修して営む七つの宅老所のうちの一つだ。各宅老所では主として認知症のお年寄りたちが10人ほど、症状や家庭の事情に合わせて通ってきたり、泊まったり、介助を受けながら暮らしたりしている。

この日1月22日の「柳町」の利用者は９人。うち８人がサンキュー会が開かれている畳敷きの和室２間をつないだデイルームに集まり、１人は隣室のベッドで点滴中。ただ、ベッドに寝ていても楽しい雰囲気やにぎわいが感じられるよう、部屋を仕切るガラス戸は開け放たれている。

満岡さんが隣室のベッドサイドに行き、「お名前をお願いします」とマイク代わりのラップの芯を向けると「村岡フサコと申します」ときちょうめんそうな答えが返ってきた。

97歳の村岡さんは２０１２年4月、肺炎のため入院した病院で脳梗塞《こうそく》を起こし、以来24時間点滴が外せない状態が続いている。病院からは「咳《せき》反射が衰えるなどの後遺症があるため、口からものを食べるのも自力で排尿するのも無理」と宣告され、療養型の医療施設に入るよう勧められた。しかし村岡さんが入院前にデイサービスやショートステイで利用していた「柳町」が「うちでみましょうか」と声をかけ、家族も強くそれを望んだため、同年7月に病院から移ってきた。

以来、地元の開業医の支援を受けながら職員たちが懸命の介護を続けた結果、挿入されていた導尿カテーテルは1カ月足らずで外れて自力排尿できるようになり、年が明けると、点滴と並行して口からも少しずつ食べられるようになってきた。

「村岡さーん、楽しいですか。楽しい?」

「はい。……そがん言われたら、はいとしか言えん」

その答えでまた笑いがはじける。

週3回通ってくる91歳の横松サダさんに「マイク」が回ると、満岡さんが先回りして紹介した。

「今朝も電話がかかりました。『横松です。今日は腹の痛《いと》うして休みたいです』て。とんでもない、こんばいかんですよーっと説得して、やっと来てくれました。今日はいっぱい動いて、おしゃべりして、歌って、笑うから、出ますよ。みんなのパワーで押し出します。3

日分たまっとるもんね。富士山のごと高《たか》ーかもんが出るかもね。もし出たら皆さんと万歳三唱したいと思いますので、ご報告お願いしまーす」

横松さんが大笑いしながら「ありがとうございます」と頭を下げる。

次に「マイク」をもらったのは鼻に酸素吸入の管をつけた小柄なおばあさん。2012年1月に脳梗塞、2月に心筋梗塞の危機に見舞われ、13年に年が変わってからも体調を崩して息苦しさを抱えているという。

「峯なほこ〜」

ダミ声で力いっぱい叫ぶ峯さんに、驚きの拍手と歓声が起こる。

「峯さん、今日は調子いいですね。調子よかったら手ば上に挙げて」

95歳の峯さんがまひの残る右手を高く挙げた。職員たちがまた「おーっ」とどよめく。

「峯さん、ことわざ言うて、ことわざ。……ローマは？」

「老婆は一日にしてならず〜」

◇

高齢化によって増え続ける社会保障費が問題にされ、長寿がまるで罪悪であるかのような雰囲気が生まれつつある。認知症になったり、体が不自由になったお年寄りが生き続けることは罪なのだろうか。人が最後まで尊厳を持って生きられ、そのいのちを寿《ことほ》ぐことのできる社会を目指すことはもうできないのだろうか。そんな問いを抱いた私は「たすけあい佐賀」が営む宅老所に通ってみることにした。当事者であるお年寄りたちとふれあい、その世話をしている人たちの姿を間近に見ることで、問いに対する答えの手がかりが見つかりはしないかと思いながら。

95歳に手玉に取られた⁉

「ひもじーい。何かちょうだーい」

宅老所「柳町」で暮らす95歳の峯なほこさんは、年中おなかをすかせている。もちろん朝昼夕の3食と10時、15時のおやつはきちんと食べている。でも、食べたことをすぐに忘れてしまうため、しばらくするとまた「ちょうだーい」コールが始まるのだ。

私が4度目に「柳町」を訪ねた時も、「ちょうだーい」コールの真っ最中だった。前に顔を出した時には、「帰りたーい、京都に帰りたーい」と彼女はしきりに訴えていた。私も学生時代の4年間を京都で過ごしたから、京都を糸口にすればちょっとした話が引き出せるかもしれない。そう考えてあまり期待はせずに声をかけてみた。

――隣に座ってもいいですか?

ソファに腰掛けた峯さんはハッとしたように自分の隣の席のクッションを整えだし、それが終わると左手で「どうぞ」と勧めてくれた。まだ体調は元に戻っていないらしく、鼻には酸素吸入の管を着けている。顔も腫れぼったくてむくみがあるようだ。

お礼を言いながら峯さんの両手を私の両手で包みこむと、峯さんが感に堪えないという声を出した。

「あったかーい」

彼女の手は小さくて柔らかで、とても冷たかった。

――京都におられたんですか。

「そう」

――いつまで?

「二十歳になるまで」

――京都では何してたんですか。

「呉服屋」

――すごい。友禅とか西陣とかの本場ですよね。

「はい」

――舞妓《まいこ》さんとかも買いに来られてたんじゃないですか。

「そうですね。舞妓さんがお客さんで。はい。時々来てました。でもお父さんがいなかったから」

——えっ？

「亡くなったのが早かったから」

——峯さんがいくつの時に亡くなられたんですか？

峯さんが左手の指を4本立てて突き出す。

——四つ？　じゃあ苦労なさったでしょ。

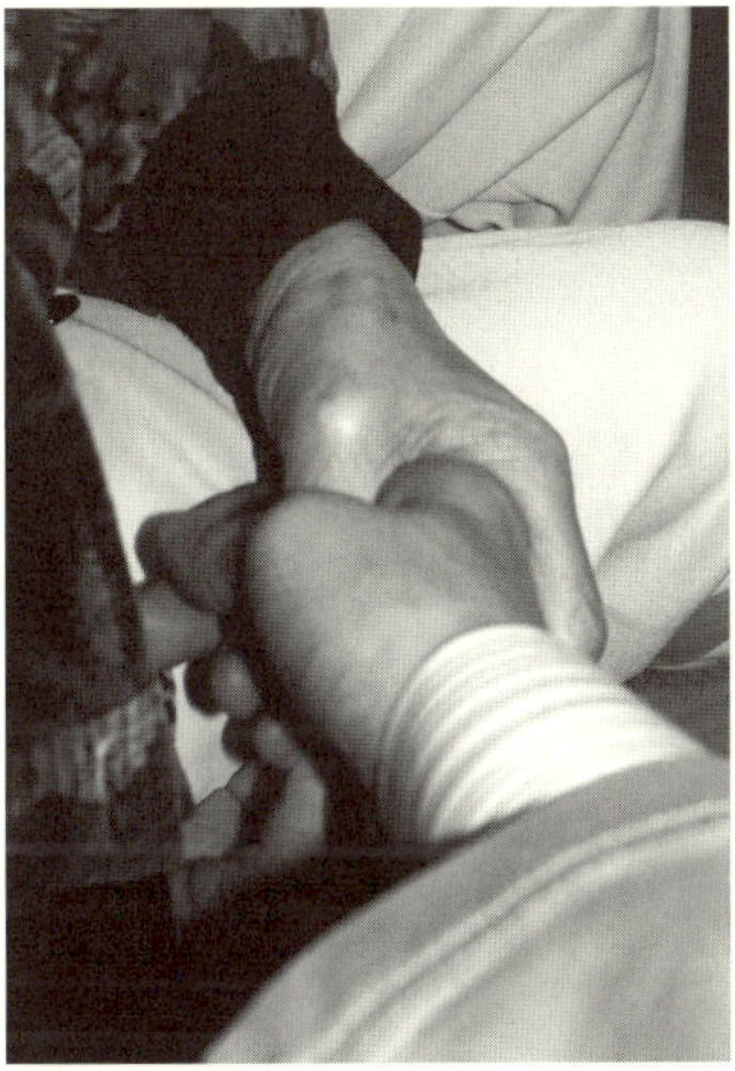

「柳町」を訪ねるたび、峯さんは私の手を握って放してくれなくなった

「そうですね。お父さんがいなかったので。母と2人で、いろいろ……。あったかい。あったかーい、あなたの手ー」

さっき食べたことも忘れてしまうのに、若い時分の思い出は鮮明に記憶に刻まれていて、こんなふうに普通に会話することができるのである。

母親と京都で呉服屋をしていた峯さんは、自宅に下宿していた大学生に見初められて20歳で結婚し、京都を離れた。学校の教師となった夫とともに大陸で暮らし、戦後移ってきた佐賀での暮らしも65年を超えている。それでも京都での娘時代の暮らしが恋しくて「帰りたーい」という叫びが口をついて出る。故郷とはそんなにも愛おしいものなのだ。夫は十数年前に亡くなり、一時は息子夫婦や娘と暮らしたりもした。しかし峯さんの認知症の進行によってその生活は長く続かず、「柳町」で暮らすようになった。「老婆は一日にしてならず」と峯さん自身が言うように、その長い長い人生を背負って今、彼女はここにいるのだった。

10時のおやつの時間、峯さんが食べるのを横で介助させてもらう。ビスケットを小さく割ったものを一かけらずつ渡し、食べ終わった頃を見計らってお茶の入った湯飲みを口まで持っていく。

ごくっと飲み込むたびに「ありがとーう」と峯さんが繰り返すので恐縮してしまう。と、ビスケットが残りわずかになったところで峯さんが言い出した。

「あなたが召し上がって」

——えっ、私に?

峯さんがコクリとうなずく。

ついさっき「ひもじーい。何かちょうだーい」と大声で叫んでいた人の思わぬ心遣いに感激してウルウルしていると、職員の井手育子さん（57）と永渕芙美子さん（35）がクスクス笑いだした。

「峯さんは相手が好みの男性だと、態度がガラッと変わるんですよ。それでコロッといく人が多くてですね」

侮るべからず95歳！

聞けば、彼女は「柳町」で数々の逸話を生んできた人だった。

帰りたーい。でも…

「老婆は一日にしてならず」の名言を吐く95歳の峯なほこさんが、NPO法人「たすけあい佐賀」の運営する宅老所「柳町」で暮らし始めたのは06年の2月2日。それまで利用していた県内の大規模施設と折り合いが悪くなり、転所という形で移ってきた。

「柳町」の満岡緑所長（57）が振り返る。

「とにかく強烈な出会いでした。娘さんと一緒に来られたんですけど、『娘に出し抜かれたあ。来るんじゃなかったあ』と叫んで、いきなり自分の頭をげんこつでボコボコ叩《たた》き始められたけんですね。みんなもう、あっけにとられて……」

その頃の「柳町」の記録を繰ると、児童文学で大人たちをてんてこまいさせるいたずらっ子の主人公のような峯さんの暴れっぷりが生き生きと記されている。例えば入居翌月の3月10日。

《10時のおやつを素早く取り、トイレへ。台所に来て、まだ食べられていない方々の饅頭《まんじゅう》をわしづかみにし、素早く口の中へ押し込むようにして食べる。止めようとすると職員にかみつこうとしたり、蹴ろうとしたりして大暴れ、パニック状態に。職員につばを吐きかけようとして、入れ歯が飛び出る》

さらにその4日後。

《日誌を破こうとしたり、職員に湯飲み、ネギなどを投げつける。（通所利用者の）お迎えに付き添ってもらうと、車の窓ガラスを叩き、道行く人に「助けてくださーい」と大声で叫ぶ。昼食後、ソファで横になっていたと思うと玄関の戸を突然叩き始める。声をかけると職員にかみつき、叩き、ひっかく。14時半、おやつの丸ボーロを盗み食い。外に逃げ出し、職員3人で探す。途中、駐車場の警備員に尋ねると、居酒屋に入り込み、「女から追われている。助けてください」というおばあちゃんがいたため、警察に通報したとのこと。峯さんであることが判明し、警察官に事情を説明する》

見も知らない場所に連れてこられ、今日からここで暮らすのだといきなり告げられれば、認知症のお年寄りでなくても混乱する。「たすけあい佐賀」の宅老所が、通い（デイサービス）や泊まり（ショートステイ）を経て「暮らす」へと、可能な限り順を追って移行してもらおうとするのも、お年寄りの精神的負担をできるだけ軽くしたいためだ。

ただ、峯さんのようにさまざまな事情で手順を踏めない場合もある。そんな時はお年寄りの混乱に職員がとことん付き合い、行動の背後に隠れた心情をくみ取りながら、お年寄り自身が現実を受け入れてくれるのを待つことになる。

当時、峯さんは「ガラス割ったらスカッとするやろお」「はがいいから人を殺したーい」「この家、火事にしてやるう」などと物騒な発言を繰り返し、眼鏡をかけた職員に「あなたの眼鏡壊してやりたい。壊して困る顔見たらスッキリするやろなあ」とうそぶいたりしていた。ただ職員たちは彼女が本気でないことに間もなく気づく。決して行動に移そうとしないばかりか、ブラシをテレビに向かって投げつけようとして思いとどまり、開き戸に向かって投げ直したのを目撃しているからだ。峯さんの分別を示すその行動がうれしそうに書き留められていた。

峯さんが発する「帰りたーい」コールに、職員たちは散歩や買い物、ドライブに連れ出したり、大好きなお風呂に誘って気分転換してもらうことで対応した。それでも外への飛び出しはやまなかったが、「脱走」の瞬間を見つけても制止せず、気づかれないよう後ろからついていって見守った。そして歩き疲れた頃合いを見計らい、偶然会ったかのように装って声をかけた。歩きあぐねて途方にくれていた峯さんは、職員の顔を見るとほっとした表情を浮かべ「ありがとーう」と言って宅老所に戻ってきた。

やがて峯さんの「帰りたーい」コールに変形タイプが現れ出す。

「京都に帰りたーい。でも帰ってもここのようにしてもらえないから困るうー」（07年1月19日）

「帰りたーい。でも本心は帰りとうないのおー」（09年8月28日）

風呂上がりの峯さんの耳もとで話をする「柳町」の満岡さん

寂しさは埋まらぬけれど

佐賀市内の大規模施設から06年2月に宅老所「柳町」に移ってきた峯なほこさんは、転所から2年以上、ちょっとしたことがきっかけで自分の頭をげんこつでボコボコ叩《たた》く行為を繰り返した。職員が目を離した隙《すき》に宅老所を飛び出して迷子になり、警察に保護されたことも一度や二度ではない。自分の分を食べてしまうと、「私のには入ってなかった」と人の食事やおやつに手を伸ばし、配膳中の盗み食いや食納庫から食べ物を盗って隠すことも日常茶飯事だった。

そんな峯さんが豹《ひょう》変する時がある。それは自分の好みのタイプの男性が「柳町」を訪ねてきた時だ。テレビ局のクルーが取材に来たり、介護職を目指す男性が研修に入ったりすると、職員をきりきり舞いさせる行動がピタリとやみ、上品なおばあさんに変身するのである。特に、「柳町」に集うお年寄りのうち5人をかかりつけ医として診ている内科医の八坂達臣さん(64)が往診に来た時の変わりようはお見事としか言いようがない。

入居して半年に満たず、混乱が激しかった06年6月の記録には、早くもこんな記述が登場する。

《朝から機嫌が悪いため、送迎ドライブや買い物付き添いで気分転換図る。14時45分、八坂ドクターの往診に、さっきまでの態度一変。手をついてご挨拶《あいさつ》される。「京都のどこに住んでいたの」と尋ねられ、いろいろと答えられる。「父が家を残してくれなくて……。家無き子です」。ドクターの帰り際には接待に燃えられる。準備してあったお菓子をさっとつかんで、玄関にいるドクターに持っていき「おそまつですけど……。こんな粗末なものですみません。わが家とは違います」と言っておられる》

このくだりを読みながら、おやつの時間に私が介助した際のやりとりを思い出して苦笑した。ここまでの歓待ではないものの、話の内容や峯さんの行動パターンがそっくりだったからだ。職員たちがクスクス笑ったのも道理である。

所長の満岡緑さんが言う。

「峯さんは寂しがりやさんなんですよ。誰かにいつもそばにいて構ってもらいたいもんだから、イライラするたびにいろんなことをして私たちの関心を引こうとされとるんだと思うんです。男の人に気にいられようとして、やたら頑張ってやさしくされるのも、同じ寂しさの裏返しの表現じゃなかとですかね」

実は峯さん自身もそのことを自覚しているふしがある。08年1月、「死にたい。殺してほしい。生んでくれた親が憎い」と言って頭をボコボコ叩き始めた彼女に、何で自分を叩くのかと職員が尋ねている。その時、峯さんはぼそっと『気を引きたいから』と漏らしているのだ。その年10月の夕暮れには「夫のお代わりはないのー。誰かにすがりたいー」と突然叫びだし、仲間のお年寄りに肩を抱かれて慰められている。

考えてみれば、私たちも気が立っている時や自分の感情をコントロールできない時、自虐的になったり身近な人間に八つ当たりして、遠回しに自分の苦しさを分かってくれとアピールすることがある。気になる異性の前では好印象を残したくて、ついつい自分を大きく見せようとしたり、いい人間ぶって頑張ってしまいがちだ。

夫を亡くし、認知症になって家族と同居することも一人で暮らすこともできなくなった95歳のおばあさんが、認知症ゆえにその寂しさを、より遠慮のない形で表現しているだけなのである。そう思って見ると、峯さんの振る舞いの数々が愛おしくさえ感じられる。

幸い峯さんは、彼女が抱えた寂しさに共感し、奔放な行動に振り回されながらもそれを面白がり、笑って手を差し伸べてくれる人たちと出会うことができた。その何本もの柔らかな手に支えられて、いつしか峯さんは自分の頭を叩くことがなくなった。

そして今日も誰にはばかることなく声を張り上げる。決して満たされることなどない空白を埋めようとして。

「ひもじーい。何かちょうだーい」

「帰りたーい。京都に帰りたーい」

毎日面会に通わせるもの

宅老所「柳町」で暮らす97歳の村岡フサコさんは2012年の4月、肺炎で入院中に脳梗塞《こうそく》を起こした。3カ月後に病院から「柳町」に移ってきたが、後遺症の右半身マヒで寝たきりとなり、胸の静脈に点滴をつなぐCVポートという器具を埋め込み、在宅医療に力を入れる地元の開業医、八坂達臣さん（64）の管理の下でずっと24時間点滴を受けている。

「こんなに重い状態なのに、まさか宅老所で受け入れてもらえるなんて思ってもいなかったから、『大丈夫です。うちで看《み》れます』と言っていただいた時はびっくりしました。病院からは療養型の医療施設に入るよう勧められたんですが、コンクリートの壁や床に囲まれて過ごすより、普通の民家を利用した宅老所の家庭的な雰囲気の中で過ごした方が母も喜ぶと思って……」

村岡さんが入院するまでずっと同居していた一人娘の美子さん（61）が当時の気持ちを振り返る。

村岡さんが脳梗塞を起こした半月後、美子さんは病院側から尋ねられた。気管挿管、胃ろう、心臓マッサージ、中心静脈栄養のうち、どこまでの処置を望むかと。その際、美子さんは胃ろうと気管挿管はしないでほしいと即答している。

「私の友人にも介護している人がたくさんいて、胃ろうのことは知っていたので、ああいう状況になることを母のプライドの高さからして絶対望むはずがないと思っていました。気管挿管も夫の父親が受けて、痛くても声も出せずに苦しんで苦しんで、本当に哀れな姿で亡くなったのを見ていましたから」

できるだけ自然な形で人生の最後の時間を過ごさせてやりたい。そんな家族の思いをくんで、「柳町」は職員の負担が増えるのも承知で村岡さんの受け入れを決めたのだった。

入院中に受けた検査の結果、病院の医師からは「嚥下《えんげ》や自力で排尿する機能が回復する見込みはない」と告げられていた。そのため美子さんは、退院時に入れられていた導尿カテーテルが外れることも、口から食べられるようになることもなく、そのまま緩やかにターミナルに向かっていくだろうと覚悟していたという。ところが退院から27日目には、尿道に留置されたカテーテルが外れた。

「柳町」の満岡緑所長は笑って言う。

「私たちも無理だろうと聞いていましたが、ケアしながら様子を見ていると、どうも自分で排尿できそうな感じなんですよ。だから八坂先生に言ってみたら、試しに外してみようかということになって。外したら出たとですよ。あははは」

カテーテルを外した半月後の記録にはこんな記述がある。

《朝6時前に排尿なし。出るか尋ねると、「今からしようと思って。出るよ～」とのこと。15分後に見に行くと排尿あり》

自力で排尿できたばかりか、村岡さんは尿意まで感じていたのである。

やがてもう一つの変化が現れた。

「点滴に入れられない薬が1種類だけあって、それは入院中もゼリーにまぜて口から服薬しておられたんですよ。それで誤嚥《ごえん》もされんから、いけるんじゃないかと思って」と満岡さん。

最初はアイスクリームや果物をすり下ろしてとろみをつけたものなどで慣らしていき、明けて1月11日からは、おかゆやおかずをミキサーにかけたものなども食べられるようになった。「柳町」では最近、村岡さんをリクライニング式の車椅子に乗せて少しずつ起こしていく検討を始めた。

前年7月に病院から「柳町」に移って以後、美子さんはほとんど毎日欠かすことなく、母親との面会に通い続けている。その理由を尋ねると、こんな答えが返ってきた。

「一つはもちろん母に顔を見せるためです。もう一つは宅老所の皆さんの気持ちに応えるためというか。私、これ以上皆さんに望むことは何一つないんです。できることは全てやっ

ていただいていると思うから。そこまでしてもらって、預けっぱなしにはできないという
か。行ったからって、私に何ができるわけでもないんですけど……。それが半々」

生きる意欲つなぐ「何か」

宅老所「柳町」で暮らす村岡フサコさんは、脳梗塞《こうそく》を起こして寝たきりの要介護5となったのに、生きる意欲を失わず、周りが目を見張る回復ぶりをみせている。それはなぜか。

「柳町」でのケアを支援する内科医の八坂達臣さんは言う。

「脳梗塞の状態が落ち着いた結果、さまざまな機能が回復したというのはあると思います。でも100歳に近い年齢でこういう状態になった場合、大抵は生きる意欲を失ってネガティブな方向に向かいがちです。でもそうなっていないのは、多分、彼女には何かがあるんでしょうね。もう少し生きてみようと思わせる何かが」

村岡さんは小学校の元教師で、50年近く前に夫を亡くしている。退職してからも一人娘の美子さん（61）の家族と同居し、短歌の結社に所属してその集まりに出るなど、活動的な老後を送っていた。しかし90歳の時に夫婦共稼ぎだった美子さんが仕事を辞めて家事に専念するようになり、それをきっかけにベッドで横になっていることが多くなった。

一人で出歩くこともあまりなくなった母親を、美子さんは午前と午後の2回散歩に連れ出した。そうやって生活にメリハリをつけることで意欲を引き出そうとしたのだが、効果は上がらず、いざという時の駆け込み場所を探していて「柳町」と出合った。

初めての利用は美子さんの夫が手術で入院した2008年12月の4泊5日のショートステイ。当時村岡さんは最も軽い要支援1で、「柳町」のスタッフや他の利用者との会話も弾み、これ以上無いというほどスムーズな滑り出しだった。

ただ最初、お風呂の声かけには「本当にやめて」と強い拒絶が見られた。そのため職員たちは無理強いせず、その日は足湯と体拭きにとどめている。これが奏功したのだろう、翌日にはこう記録されることになる。

《16時、入浴の声かけに「持っていき方のうまかねえ」と笑われている。観念して入浴。洗髪、洗身の声かけにも拒否無く、むしろ感謝される方が多い。洗髪介助にも「わあーっ」と喜ばれる》

ショートステイ最終日に美子さんが迎えに行くと、村岡さんの方からこう切り出した。

「顔しかめて行かんばなら嫌だけど、ここはそがんことなか。みんな大事にしてくんさあ。明日からでん来っよ」

こうして通所でのデイサービス利用も自然に始まったのだった。

それから脳梗塞を起こすまでの3年半に、村岡さんは自分がどこにいるのか、今が何月なのか分からなくなったり、トイレの失敗が増えるなど、認知症や体の機能低下が少しずつ進んでいった。そのつどショックをうけたり、気落ちして泣きだす彼女に、「柳町」の職員たちは気にしなくていいと声をかけ続け、村岡さんが笑顔を取り戻すということを繰り返している。

最近、村岡さんは意味不明の独り言をつぶやくことが増えた。6月で98歳になる年齢やこれまでの経過を思えば、回復には限度があり、遠くない未来にいのちの火が燃え尽きる時が来るのは確かだ。けれど、そのつかの間の日々を少しでもいいものにしようと力を尽くす人たちがいる。

脳梗塞から5カ月後にはこんなやりとりが記録されていた。

《オムツ交換時に痛みの声軽減作戦を決行。十二支や紅葉の歌を歌ってもらう。効果あり。痛みの声が「えへへ」に変わる》

その1カ月半後にはこんな記述もある。

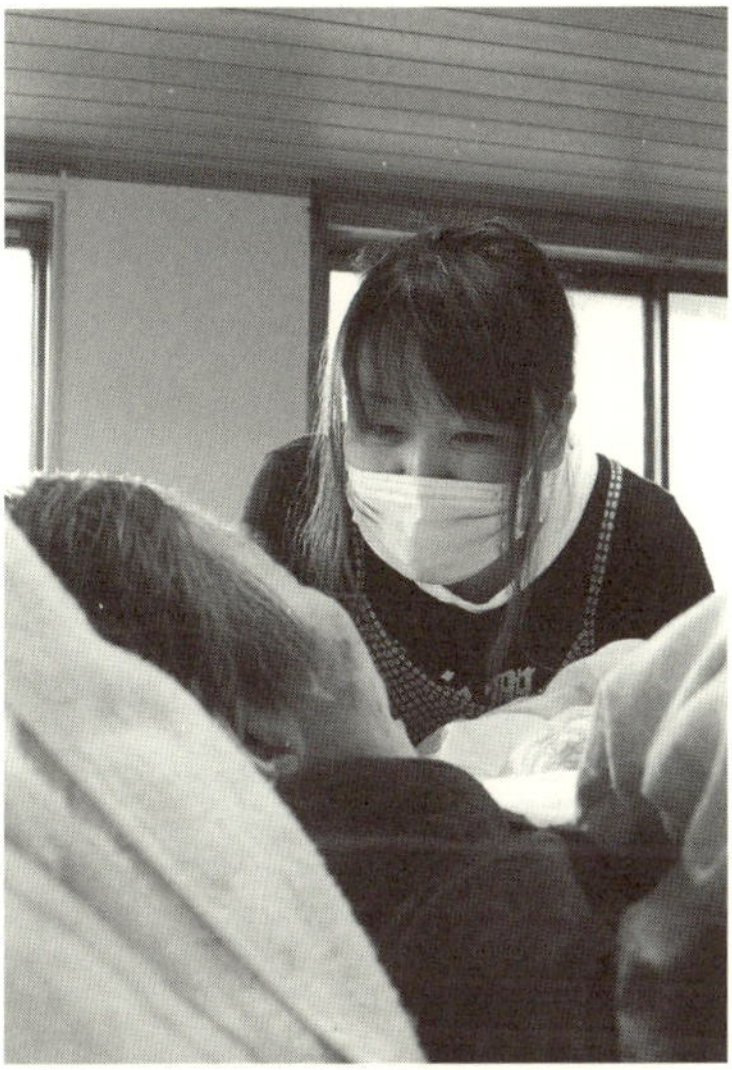

村岡さんに声をかける「柳町」の職員

《陰部洗浄時、初め「痛か〜」と叫んでおられたかと思うと、「そこそこ。気持ちいい〜」と言われ、自分でも大笑い》

たとえつかの間であろうと、ふと訪れるこんなきらめくような一瞬に、職員は喜びを見いだしているのだ。多分、福祉や介護の現場で奮闘する多くの人たちを支えているのも、そんな小さな喜びの積み重ねに違いない。

厳しい状態に置かれた人たちの生きる意欲をぎりぎりのところでつなぎとめている「何か」。それは、一瞬の笑顔のために力を尽くしその笑顔を自分の喜びにしてくれる人がいることへの信頼感だと私は思う。

物忘れがプラスになる時

NPO法人「たすけあい佐賀」が佐賀市天祐で営む宅老所「てんゆう」の昼下がり。テラスに面したデイルームのソファで、92歳の大神昭子さんと2月に90歳になった中田カズさんが和やかに話している。大神さんはここで暮らしており、中田さんは1週間のうち火、木の2日間通い、土、日の2日間泊まるという利用の仕方をしている。

大神　ごはん、まだやね。

中田　はあ？　食べたよ。あなたも食べたじゃない。はははは。
大神　食べたぁ？
中田　お昼食べたよぉ。おいしかったよ。ごはん食べたの、忘れたらダメ、ダメ。
大神　あははは、そうだったかな……。
2人の話に耳をそばだてていると、やがて中田さんが身の上話を始めた。
中田　私、鹿児島生まれでね。娘が4人おるんよ。鹿児島に3人。1人だけ佐賀の人と結婚してこっちに来とるん。その娘がおいでっちゅうて、来たんよ。
大神　そお。よかねえ、娘さんのおんさるならね。
中田　娘によくしてもらって、娘婿にもよくしてもらっとる。朝も「行ってらっしゃい。気をつけるんだよぉ」と婿殿に言われる。「倒れんごと歩けよぉ」ちゅうて。
大神　うーん。思いやりのある婿さんで。羨ましかねえ……。
「てんゆう」の所長、清水雄治さん（35）がニヤニヤしながら解説してくれる。
「中田さんはしばらく間をおいて隣に座ると、また同じ話をされます。だから認知症が軽い方や認知症でない方は隣に座るのを嫌がられるんです。でも大神さんは聞いたそばから忘れてしまわれるから。それに本人が重症のかゆがりで、退屈しだすと体をボリボリかきむしられるんです。だから中田さんに隣で話しかけてもらう方が彼女にとっても気が紛れていいんですよ」

しばらくすると話したことを忘れて、何度も同じ話を繰り返す中田さん。今食べたばかりの食事の記憶すら残らず、退屈すると全身をかき出す大神さん。もしも1人だけなら、それらの症状に振り回されて周りが感情的な対応をとってしまい、2人ともこんな穏やかな時間を過ごせないかもしれない。

でも2人が一緒にいれば、いくら中田さんが同じ話を繰り返しても、大神さんは飽きることなく新鮮な驚きを持って相づちを打ち続けてくれ、その間、大神さん自身も体のかゆみを忘れていられる。

年を重ねて認知症になり、2人とも世間から必要とされることはほとんど無くなっている。そんな2人がこうして出会い、互いに必要としあう関係を結べている。それも世間ではマイナスにしか評価されない「物忘れ」という個性を持ったがゆえに、相手に必要とされているのだ。何と痛快なことだろう。

もちろん認知症のお年寄りにも相性があり、磁石の同極同士のように激しく反発しあう組み合わせもある。普段は仲良しでも、たまたま一方の虫の居所が悪くて衝突が起きることもまれではない。だから職員たちはお年寄りの様子に気を配り、その日その時の最適の組み合わせになるようさりげなく座る場所を誘導していく。その気配りと、せかさずゆったりと流れる時間を保障することで成立する幸せな関係――。

ひとしきり中田さんの身の上話が続き、どうやら結論部分にさしかかってきたようだ。

中田　ありがとーう。私が幸せ。不幸と思ったらダメだからね。幸せち思うとらな。

大神　そうよねえ。

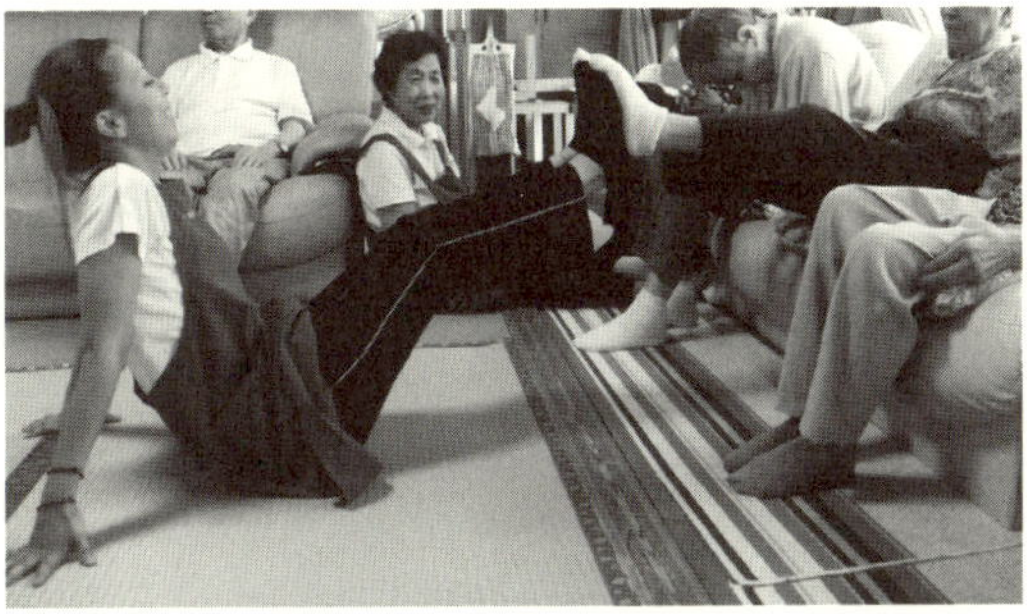

「てんゆう」の昼下がり。お年寄りと職員がじゃれあう姿も

中田　うん。いっつもおじいちゃん、おばあちゃんが言いよった。不幸と思ったらダメて。毎日幸せだあと仏さんに拝みなさいて。だからお父さん（夫のこと）が亡くなって、仏壇を部屋の真ん中に置いて、毎朝毎晩拝んどる。お父さん、今日もありがとーう、ちゅうてね。拝んどるよお。幸せ。不幸と思ったらダメやけん。幸せて思っとらないかんけん。おじいちゃん、おばあちゃんが言いよった。仏さんに拝む時は、今日も一日幸せでした、ありがとーうて言いなさいて。

大神　うん。いいことを言いなさる。ほんに、その通りじゃん。

役割と居場所があれば

宅老所「てんゆう」には、60代の女性も通ってくる。若年性アルツハイマーがかなり進んだ67歳の本田敬子さんだ。

本田さんと会話を続けるのは少し忍耐を要する。一つずつの話は文法的に一応整っており、意味もそれなりに分かるのだが、その話の次に、全く脈絡のなさそうな話が続いていくため、頭がこんがらがってしまうからだ。しかも本田さんはちょっとしたことを引き金にウロウロ歩き回り始める繊細な心の持ち主でもある。

「だからお隣には、なるだけ本田さんが話しやすい方に座ってもらうようにしているんです。でも本田さんが好きと思っても、向こうが嫌と思ったらいけないし。その辺も考えなくちゃいけなくて」

その日、2月2日にスタッフリーダーを務めていた職員の松永八千代さん（57）が対処の心得を話してくれた。見ると、隣に座っていたのは82歳の秋山スズ代さんだった。

夫とふたりで暮らしていた秋山さんは、夫の死をきっかけに認知症が急激に進み、長男家族のもとに身を寄せた。しかし長男の家は小学生の子ども2人の子育てで手いっぱいで、そこに認知症の秋山さんが突然入ってきたため家庭が回らなくなり、1年半前に「てんゆう」に移ってきたという。

本田　おばちゃん。何時ごろ来たと?

秋山　えへへへへ。

本田　私ね。ちょっと先やけん分からんやろ。

秋山　あははは。

本田　あそこに行かなきゃ、どこにも行かれんでしょうが。

秋山　そがんじゃんねえ。

本田　昨日はあんまり食べとらんけんね。

秋山　そがんじゃんねえ。みなさんの分かっとるけん。

本田　うん。そう。ちょっとおられんごたるもん。

秋山　そがん聞いたもん。あははは。

本田　向こうにね、お友達が多かとですよ。そこでまたね。

秋山　そらよかね。あははは。

本田　うーん。もうしないで、あっちに行きますうって……。

一区切りついたところで、秋山さんが近くにいた私に言った。

「何か言いよんさったけど、全然分からん。ばってん、よかと。あははははは」

秋山さんは生来の穏やかな性格と認知症の進行により、細かいことは気にしない鷹揚《おうよう》さを身につけている。ほとんどかみ合うことのない本田さんとの会話も、笑ったり適当に相づちを打ったりしながら柔らかく受け止めてくれるから、こうしてトラブルもなく回っていく。一時身を寄せた長男の家では、果たすべき役割も居場所も見いだせなかった秋山さんだが、ここではしっかりと頼りにされているのだった。

4月1日に「てんゆう」を訪ねると、その秋山さんが市内の特別養護老人ホームに移っていくところだった。彼女は生活保護を受けて「てんゆう」で暮らしていたが、より行政負担の少ない特養に空きができたため、転所が決まったという。

「秋山さん、元気でねえ」

職員やお年寄りたちの見送りに、秋山さんはいつものようにニコニコしながら頭を下げ、こう応じていた。

「それじゃあ、ちょこっと行ってきますけん」

1年半を過ごしたこの宅老所に秋山さんが帰ってくることはもうなく、転所先の特養に行きっぱなしになる。しかし本人はそんなこととは夢にも思わず、ちょっとドライブにでも行ってくるような感じで、手を振りながら迎えにきた車に乗り込んでいった。そのからっと明るい別れが反対に切なかった。

「秋山さんは得難いキャラクターだったのに……」

私がしきりに残念がっていると、所長の清水雄治さん（35）が吹っ切るように言った。

「この仕事をしていると、こんな別れはしょっちゅうあります。秋山さんの誕生日は3月30日なんですよ。だから一昨日、83歳の誕生会をここでしたんです。最後にみんなで誕生日を祝って送ってあげられたから、良かったたんじゃないかなあ」

秋山さんはもう、新しい役割と居場所を見つけただろうか。

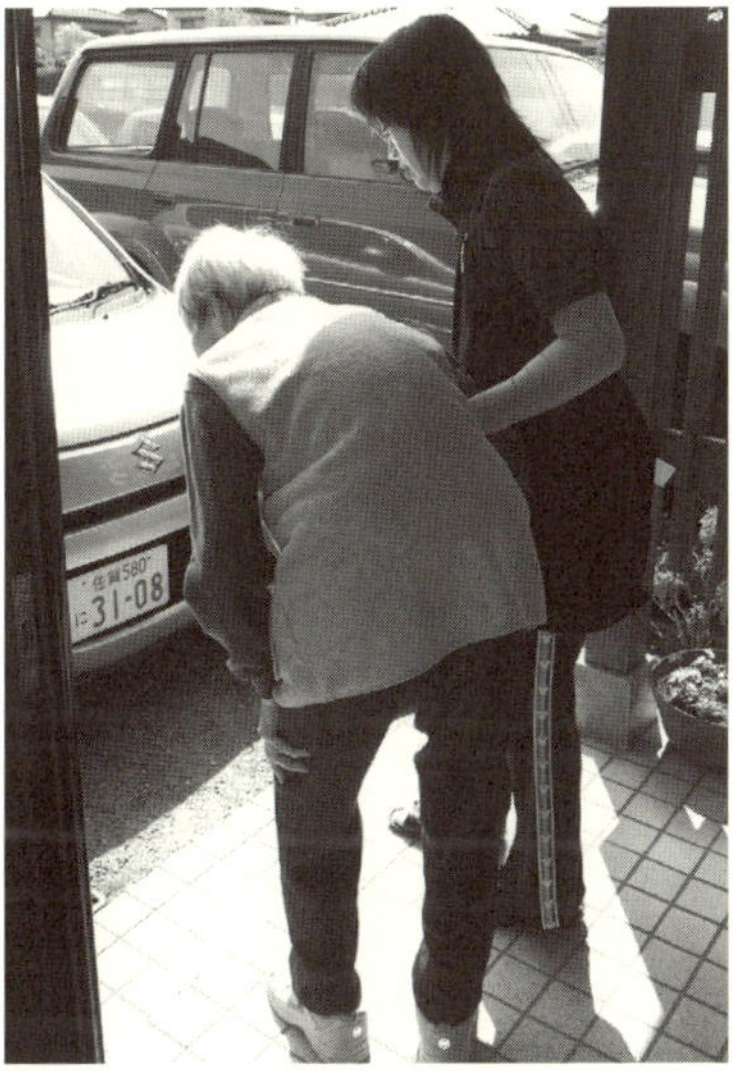

職員に手を引かれ別の施設に移るため「てんゆう」の玄関を出る秋山スズ代さん

ただ、そばにいるだけで

宅老所「てんゆう」を3度目に訪ねた日、ここで暮らす92歳の大神昭子さんに看護師の内田茜さん（27）が付き添って、乾いた洗濯物をベッドサイドの引き出しに片付けていた。

内田　一番上にタオルとバスタオルを

なおしますよ。
大神　ここに？
内田　そうそう。これは？
大神　タオル。
内田　正解。じゃあ、ここになおしましょうか。もうタオルはないですね。それなんですか。
大神　足のもの。
内田　きゃはは っ、足のものって何ですか。ここは肌着。肌着をなおしてください。
大神　ここ肌着ね。
内田　そんで、そこにパンツ。
大神　あ、パンツね。こう？
内田　それは違う。それはセーターよ。セーターはまだかごに入れとかんと。靴下はそこに入れてください。
大神　ここに？　靴下はここ？
内田　そうそう。じゃあ、引き出しを閉めてください。
大神　引き出しを閉めて……。

内田　こっちがセーターとズボン。縦には入らんごたあ。
大神　入らんね。
内田　両手でしてください。
大神　こう？
内田　そそそ。で、扉を閉めてください。この写真は誰ですか？
大神　誰やろか？
内田　名前はなんて書いてあるですか？
大神　私の名前ば書いてあるごたあ。92歳て書いてある。
内田　この前、大神さんは92歳になったでしょ。ここは自分のとこって目印でしょ。
大神　ははははは。そうやったかな。

認知症の大神さんはついさっきしたことも片っ端から忘れてしまう。だから何度一緒にやっても、1人でできるようになることは決してない。それでも毎回、同じように根気強く付き合って、本人に片付けてもらっているという。

「私がやった方がさっさと済むし、効率もいいでしょうが、自分の物は自分で管理してるって思ってもらいたいですからね。だからここでは、おふろに入られた後に洗濯したものは、乾いたら畳むのも基本的に自分でしてもらっているんです」

佐賀県内の看護学校を出た内田さんは、病院での勤務を経て2年前から「たすけあい佐賀」の宅老所で働き始めた。その際、一番びっくりしたのは、一日中べったりとお年寄りと一緒にいられることだったという。

「病院では必要な時にしか患者さんの所に行かないじゃないですか。それで、そばにいてあげたいのに、いてあげられないのが常だったんです。看護学校時代に実習で行った大きな施設もそう。だからカルチャーショックでしたね。病院や大きな施設だと何かするために患者さんやお年寄りのそばに行くんだけど、ここは何にもしなくても、ただそばにいることが

大神さんに根気強く洗濯した衣類を自分でたんすに片付けてもらう内田さん

「たすけあい佐賀」の宅老所では職員とともにお年寄りたちが洗濯物を畳んでいく

仕事だったりするんですよ。そばにいるだけで気持ちが落ち着かれる方もおられるし、話を聞いていればそれでいいという方もおられますからね」

内田さんが病院や大きな施設で特に苦手だったのは入浴介助だという。大勢の人に時間内に入ってもらうために、決められた順番通りに入れなければというプレッシャーを感じながら、流れ作業のようにこなしていかざるをえなかったからだ。

お年寄りにゆったりと寄りそう内田さん

「でも、ここでは嫌がられる人は嫌だろうなあと思って接するので、それ以上無理強いすることもありませんし、時間を空けてもう1回チャレンジしようと考えたりもできるから。所長さんも無理しなくていいよ、今日はやめとこうと言ってくださるし。おうちみたいにゆっくり過ごしてもらうっていうのがここのスタンスなので。私たちがせかせかすると利用者さんも落ち着かないですもんね」

だから内田さんは常に「ゆっくり、ゆっくり」と自分に言い聞かせているのだと言って、笑って続けた。

「ふふふっ。でも難しいんですよね。つい気持ちが焦っちゃうんですよ。さっさか物事を片付けていくのが習い性になってるから。結局、人が相手なので、その人のペースに合わせるっていうのが、重要かなって思いますね」

100年を生きてなお

宅老所「てんゆう」には普段、お年寄りたちの笑い声や歌声が響き、ゆったりとした時間が流れている。ただ毎日のようにピーンと空気が張り詰める時間帯がある。お年寄りたちが三々五々好きなことをして過ごしていた午後のひとときが終わり、夜に向けて準備が始まる午後4時から6時くらいにかけてだ。

まず、ここで暮らしている82歳の安武貴代さんが「おしっこに連れて行ってくださーい。お願いしますぅー」と叫び始める。

職員たちがトイレまで手を引いていって便座に座ってもらうと、一言。

「出ません」

仕方ないので手を引いてデイルームや食堂に戻り、ソファや椅子に腰掛けてもらう。すると、ほどなく再び「おしっこに連れて行ってくださーい。お願いしますぅー」の懇願が始まり、それが延々と繰り返されるのだ。30代からうつ病を患う安武さんは、普段は静かに自分の世界にこもっているような感じの人だが、夕方4時を回ると一変するのである。

私が訪ねた5月2日も、安武さんは「おしっこ」と「出ません」を何度となく繰り返していた。連れて行っても出ないと分かっているから、職員たちは「夕ご飯食べて、お茶をたくさん飲んで、たまってから行きましょうよ」などと説得に努めていた。しかし安武さんは、トイレに連れて行ってもらえるまで「おしっこ」コールをやめようとしない。ついには「誰か助けてくださいー。早く、早くしてくださいー」とすがるような声になり、結局はトイレまで誘導することになる。

その日、安武さんは宅老所の近くにある長男宅に帰っておしっこをしたいとまで言いだした。夕食準備さなかの最も忙しい時間のため、所長の清水雄治さん(35)がその役を買って出て、安武さんの手を引いて家まで連れて行く。迎えてくれた長男の妻と孫娘に玄関で事情を説明し、トイレに連れて行ってもらうが、結果はやっぱり「出ません」だった。

安武さんは長男家族と同居していた頃、夜中に仏壇のロウソクをつけねばとの思いに駆られ、つけた火がパジャマに燃え移って大やけどを負っている。2012年の大みそかに自宅に戻った時も、リンゴをのどに詰まらせて、あわやという事態になりかけた。家で世話できる限界を超えているため、1週間のうち6日半を宅老所で過ごして土曜の夕食後自宅に帰

清水所長に連れられて自宅まで行ってトイレに座った後、「てんゆう」に戻ってきた安武さん

り、日曜の朝食を済ますと宅老所に戻る生活を送っている。

安武さんが自宅のトイレに座って「てんゆう」に戻ると、夕食の食卓についた100歳の田中アキさんが右手でテーブルの下をバンバンたたきながら、大声で叫んでいた。

「ババは帰る。もうババは家に帰るぅ。お世話になりました。ババを帰してくださいー」

田中さんは娘家族と同居していて、毎週木曜に「てんゆう」に通い、土日に泊まるという利用の仕方をしている。手を引けば歩けるうえ、日中は座椅子で静かに過ごし、トイレも事前に知らせてくれる。そのためあまり手がかからない人だなという印象を私は抱いていた。ところが夕方になると、決まってテーブルたたきと「帰る」コールが始まるのだという。

その「帰る」コールと、食卓に着いた途端始まった安武さんの「おしっこ」コールの二重唱を背に、看護師の平山百合子さん（60）が解説してくれる。

「安武さんは午前中にトイレへ誘っても『行きません、行きません』なんです。なのに夕方になると『おしっこ、おしっこ』って言われるのは、何となくもの寂しくなって、手をかけてほしいけんでしょうね。田中さんの『ババは帰る』も同じじゃないですか。寂しいから関心を持ってもらいたいっていう夕暮れ症候群なんですよ」

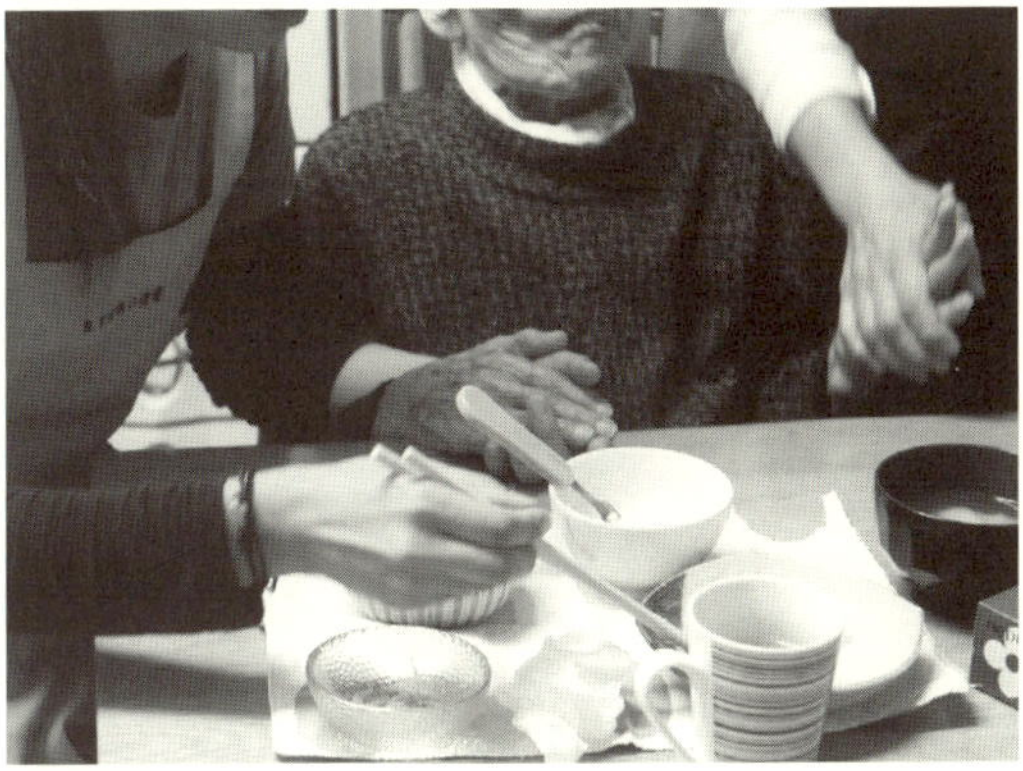

「てんゆう」の職員たちが両手を握ると、田中アキさんの「ババは帰る」コールが和らいだ

見ると、「ババは帰る」と叫ぶ田中さんの両側に職員がつき、片方ずつ手を握って声をかけている。と、田中さんの声が和らいだ。

人は100年を生きてなお、誰かの温かさを感じていたいのだ。

結局その日、安武さんは夕食中にお茶を3杯飲み、夕方9回目となる食後のトイレで言った。

「出ました」

本当に「どーうもない」?

NPO法人「たすけあい佐賀」が佐賀市内で営む

七つの宅老所の一つで暮らす89歳の坂梨菊代さんは、手足の指が外側に向かって流れるように変形しており、一目見ただけで関節リウマチの患者と分かる。実は私も29年前に同じ病を患い、その痛みを経験している。だから、これだけ変形するまでにはさぞかし激しい痛みにさいなまれたろうと、人ごととは思えずに声が出た。

——リウマチは長いんですか。

「あのね。長いって結局ねえ」

そう言うと、坂梨さんはなぜか自分の生い立ちを話し始めた。

「私ね、朝鮮の鉄道官舎で生まれたの。あちらの工場に父がおりましたのでね。小学5年の時にその父を亡くしてね。おじいさん、おばあさんのいる福岡に帰ってきたの。弟が3人、妹が1人いて、一番上だったしねえ」

——そうなんだ。

「ええ。それで小学校から福岡の県立高女に行って。もっと上の学校に行きたかったけ

リウマチで変形した坂梨さんの手

ど、父がいないしねえ。住友銀行の支店が近くにあったから、結婚するまでそこに勤めてました。まあいろいろあったけど、おかげでねえ。何不自由なく暮らせたってことは、やっぱりありがたいですねえ。自分が大きくなってみるとねえ」

――ここでの暮らしはどうですか。

「まあまあね。ほら、いい方ばっかりいらっしゃるから。なかなかこれだけの方と毎日お話しできないでしょ。仲良しったって、そうそう会えるわけじゃないし。それぞれ家庭持ってるからねえ。かえってここにいるほうが、いろんな人と会えてねえ。ふふふ……、私なんていいうちでしょうねえ。私ね、病気したことないのよ」

――えっ。でもリウマチでしょ。

「リウマチ。それでも病気したことないの。小学校の時も、女学校の時もねえ。とにかく休んだことがないのよ。元気過ぎてね。友達は頭が痛いの、どこが痛いの言うでしょ。それがぜーんぜんなかったのよ。小学校でも女学校でもね。人が頭が痛いとか言うのが分からんわけ、自分がどーうもないから。ほんーと、バカじゃないかと思うよねえ」

――でも今はリウマチが痛いでしょう。

「おかげでねえ。それが、どーうもないのよ」

最近のことは忘れてしまって、健康だった少女時代の記憶しかもう残っていないのか。それとも認知症の進行で痛みの感覚が鈍り、本当に苦痛を感じなくなってしまったのか。坂梨さんの予想外の答えに面食らいながらも、自分なりに思いを巡らせて、そのどちらかだろうと納得する。

2カ月近く間を空けてその宅老所に顔を出すと、坂梨さんは体調を崩してすっかり弱っていた。口からものを食べられなくなり、30キロを超えていた体重は20キロに。血流が悪くなって足が腫れ、栄養不良で潰瘍がいくつも足にできているという。顔色も悪く、それまでできていた杖《つえ》をついての歩行もできなくなっていた。このまま亡くなってしまう事態も考えられるとして、関東に住む息子たちにも連絡を取ったという。

それでもその日、坂梨さんはベッドではなく、ほかのお年寄りたちがくつろぐデイルームのソファで横になっていた。

「その時が来ても、いつものようにお仲間の皆さんの声に包まれながら、自然にフェードアウトするように旅立ってほしいと思っているんですよ。もちろんご家族や主治医とも話し合った上でそうしているんですけど」

宅老所の所長がその理由を教えてくれる。

青白い顔で横になった坂梨さんの耳元にそっと声をかけてみる。

——具合どうです?

横になったまま私を見た坂梨さんは、弱々しく笑って言った。

「まあ、どーうってことないです。私、あんまり病気したことないしね」

――でも、随分やせられたみたい。

「まあ、やせたかも分からん。とにかくね、病気がよけてくれるから。だから長く寝ついたりすることがないわけよ、私。それで助かるわけね。どーうもないからねえ」

こんな状態なのに、返ってくるのは以前と変わらぬ坂梨節だった。

必死に強がっていた理由

NPO法人「たすけあい佐賀」が佐賀市内で営む宅老所の一つで、89歳の坂梨菊代さんが衰弱しながら「どーうってことない」と言い、「長く寝ついたりすることがない」と語った19日後、再びその宅老所を訪ねた。彼女の病状は予言通り峠を越え、食事も少しずつ食べられるようになっていた。

ただ、足の腫れや潰瘍は残り、体重も落ちたままで、その日往診に来た医師は足の腫れを取る薬を処方するかどうか頭を悩ませていた。すると腫れた足を触診されながら、坂梨さんが医師に向かって言った。

「でも、これでどーうもないわけよねえ」

医師は「どーうもないと困るんだけどねえ」と苦笑しながら「でも、あんまり薬を出したくない僕としては悩ましいんよねえ……」と思案を続け、結局その薬を出すのをやめたのだった。

医師にすら「どーうもない」と言うのだから、坂梨さんはやはり苦痛を感じていないのだ。いよいよそう確信して宅老所の所長にぶつけると、一笑のもとに否定された。

「ははは。坂梨さんは認知症じゃないんです。『どーうもないの』って口癖のように言われるのは、心配かけたくないからなんですよ。息子さんに電話しても『私、どーうもないわよ』っていつもおっしゃるし、逆に『そっちはどうしてるの』って尋ねたり、『それよりあなたこそ大丈夫なの』って気遣ったりされてますからね。僕たちもお医者さんが来た時ぐらい素直に相談したらいいのにって思うんですけど」

そう言えば以前、坂梨さんが漢字テストをやっているのをのぞくと、結構難しい問題だったのに全問正解だった。それに往診の際、関東に住む坂梨さんの長男に電話して面会にきてもらった話を所長が医師にすると、彼女はこう言っていた。

「よっぽどひどい病気なら、来てくれてもいいんだけど。ただ具合が悪いぐらいではねえ。来てもらっても向こうに迷惑だから」

長男が面会に来た時の容体は、このまま亡くなるかもと周りが心配するほど深刻だった。でも坂梨さんは、あの程度で息子に迷惑かけるなんてと悔やんでいたのである。医師や私のような外来者に「どーうもない」と強がるのも、「どうかある」と認めれば、それが息子たちの「迷惑」に直結すると思っているからなのだった。

坂梨さんは21歳で結婚して男児3人をもうけ、夫と商売を営んで生計を立ててきた。リウマチを発症したのは74歳の時で、5年前までは買い物や調理なども自分でこなしていた。しかし転倒して骨折したのを境に1人ではできなくなり、その直後に夫が病没。同居していた未婚の次男も病気で入院することになり、2009年3月にこの宅老所に身を寄せた。長男や三男は関東でそれぞれの家庭を構えているという。

坂梨さんのリウマチの病勢は今も衰えておらず、膝や肩などの関節に痛みがあり、ステロイドを毎日服用している。体を動かしていないとリウマチが進行して寝たきりになるため、医師の指示で昼間はなるべく起きて過ごしてもらっているが、医師や家族、見知らぬ来訪者などがいなくなると、途端に「寝かせてください」の訴えが始まるのだという。

つまり、夫を亡くし、同居していた息子が入院したため宅老所に身を寄せた89歳のおばあさんが、リウマチの痛みにさいなまれながらも「おかげでねえ」とほほえみ、「私なんて、いいうちでしょうねえ」と、自分に言い聞かせるように語っていたことになる。そして、30

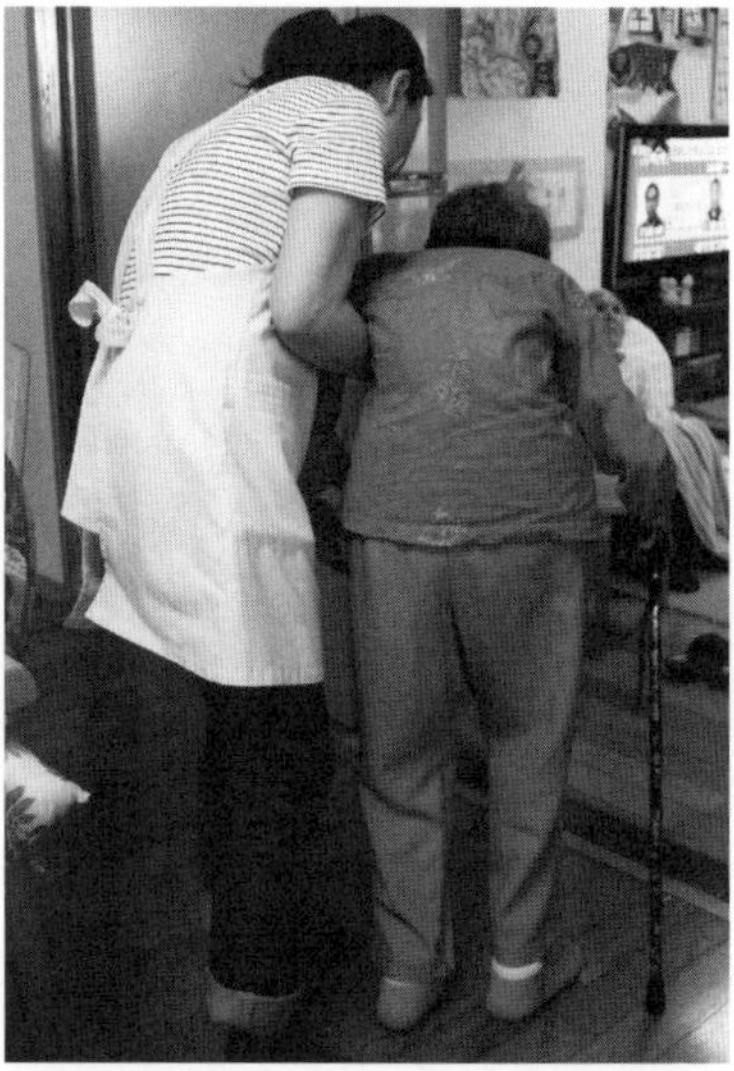

坂梨さんはまた何とか歩けるようになった

キロあまりあった体重が20キロまで落ちて、周りが死の影を見るほど深刻な容体になっても「どーうもないのよねえ」と必死に強がっていたわけだ。子どもたちに心配や迷惑をかけたくない一心で。

でも、そんな坂梨さんにもちゃんと弱音を吐ける人たちがいる。彼女が抱えたもろもろの事情や切ない心情を理解した上で、あうんの呼吸で差し伸べられる介護やケアの結果、足の腫れや潰瘍はほぼ完治し、坂梨さんは再び杖《つえ》歩行ができるようになった。衰弱時から2カ月半を経て、彼女の体重は27キロまで戻った。

自分が出せる心地よさ

医者にさえ「どーうもない」と強がりを言う坂梨菊代さん（89）が、宅老所の職員に対しては素直に弱音を吐ける。それは、息子たちに迷惑をかけたくないという自分の気持ちを理解して、その意向に極力添うように対応してくれるという安心感が、すでに職員との間にはできているからだろう。

少しケースは異なるが、それと通じる話を佐賀市天祐の宅老所「てんゆう」で暮らす安武貴代さん（82）の長男、哲夫さんからも聞かされた。貴代さんはトイレに行っても出ないにもかかわらず、夕方になると「おしっこ」コールを延々繰り返す人である。

哲夫さんによると、貴代さんは生真面目な優等生タイプで、子どもの頃はずっと級長をしていたらしい。何でもしゃくし定規にきちんとしないと気が済まず、父親は妻である貴代さんのことを「校長先生」と呼ぶほどだったという。

その真面目さがあだになったのか、30代からうつ病を患い、良くなったり悪くなったりを繰り返しながら年齢を重ね、やがて糖尿病も抱えることになった。そして２００６年に夫を亡くしたのをきっかけに心身の機能が急速に衰え、排せつを含めた身辺自立ができなくなってしまった。

哲夫さんは言う。

「母は親しくない人に対してはものすごく気を使うんです。その反動で、心を許した人間には過剰なわがままを言うわけですよ。よそ様に対しても自己主張できたらいいんですけど、非常に苦手ですからね。父が生きていた頃は、父にめちゃくちゃわがまま言って、父を辟易させていました。父がいなくなったら、その分まで私たち夫婦に向かうようです」

家での介護が限界を超えたと感じた哲夫さんは、本人を説得して知り合いの精神科病院に入院してもらった。

「開放病棟だし、とても評判のいい所でね。病院だから症状を改善させてくれると思ったんですよ。実際、一生懸命やってくれました。だけど改善しないわけです、高齢だから。それでも自立を促すような対応をされるので、母はわがままが言えなくて居心地が悪かったようです。もうこりごりだ、家に帰りたいと言い出したんですよ」

困った哲夫さんが頼ったのが家の近くにあった「てんゆう」だった。最初は週5回デイサービスに通うことから始めて、1カ月後に最初の泊まりを入れ、以後少しずつ泊まりを増やしていった。半年後には月の半分は泊まるようになり、13カ月かけて週6日半を宅老所で過ごし、土曜の夜から日曜の朝にかけてだけ家に帰る現在の暮らしに移行した。

「てんゆう」でも最初のうち、貴代さんはわがままが言えなかった。しかし治療ではなく生活の場としてお年寄りの居心地の良さを最優先する宅老所での暮らしに慣れてくると、だんだんわがままが言えるようになっていった。夕方の『おしっこ』コールはその最たるものだ。

「寂しいとか人恋しいとか悲しいとか、母は感情を情緒的な言葉で表現できないんです。だから身体的な訴えになる。それが病理であり、中年の頃からずっとそうでした。体が痛いから病院に連れて行けと言ったりしてね。そうやって人に構ってもらうことで寂しさを紛らわしているんです。僕は大学で心理学を教えているから、理屈は分かっているんだけど、どうしようもないんです。付き合うしかない。宅老所の人たちは本当によく付き合ってくれていますよ。おかげで母は自分が出せるようになって居心地いいもんだから、あそこでの生活が苦にならなくなったんです」

哲夫さんの妻の母親もアルツハイマーになり、週3回「てんゆう」に通い始めた。共通の話題を持つ身内が利用者に加わって、貴代さんはさらに居心地が良くなったようだ。彼女の長いうつ病との闘病歴の中で、今が最も安定しているという。

「ガタンと落ち込んだ時とか、前はご飯も食べられない、人とも話したくない、何もしたくないという状態になっていたけど、それがなくなりましたからね。身近に家庭的で居心地のいい場所があってこんなふうに受け入れてくれて、本当に感謝しています」

柔らかな空気を生むもの

ＮＰＯ法人「たすけあい佐賀」が営む七つの宅老所には、法人が雇用する知的障害のある人たちが派遣されてきて、掃除や洗濯、料理の手伝いなどの仕事をしている。彼らがスタッフとして一緒に働いていることで、何とも言えない柔らかな空気が生まれていることを、各宅老所に通ううちにひしひしと感じるようになった。

宅老所「てんゆう」に派遣されてくる33歳の濱田豊さんは、小さな体でコマネズミのようによく働く。やるべき仕事のチェックリストを一つずつ埋めていくだけでなく、時間があれば自分でやることを見つけてこなすため、一時もじっとしていない。そのまっすぐな一生懸命さは、見ていてすがすがしささえ感じるほどだ。

「てんゆう」の所長、清水雄治さん（35）は言う。

「濱田君はここで稼ぎながら親御さんも支えているんです。お母さんは糖尿病がひどくて寝たり起きたりされていて、お父さんも体が弱いらしいから。だからここの給料と自分の障害者年金で、家のローンの支払いもしているんですよ。本人も腰痛という爆弾を抱えながら、一家の大黒柱として本当によくやっていると思います」

だからといって濱田さんにはカリカリしたところは全くない。「もう、往生すっとだもん」などと時折ぼやきながら着実に仕事を進めていく姿は、お年寄りたちが集う宅老所の風景に溶け込んでいる。

宅老所「柳町」に派遣されてくる31歳の平本いずみさんは、濱田さんのようにちょこまか動くタイプではないが、やはり職員にもお年寄りたちにも愛される存在だ。

「柳町」の所長、満岡緑さん（57）がその理由を説明する。

「平本さんは精神的に不安定な時もちょっとあって、動きの鈍ぅか時もあってですけど、注意すれば『はーい』ちゅうて素直にしてくんさっけんですね。その声がとっても柔らかいし、癒やされますねえ。平本さんがおってくれて、やっぱよかねえってしょっちゅう思います。一生懸命で素直。誰にも負けない謙虚さを持ってるんですよ。だからこっちが救われる時が結構ある。立派にここの一員になってくれてます」

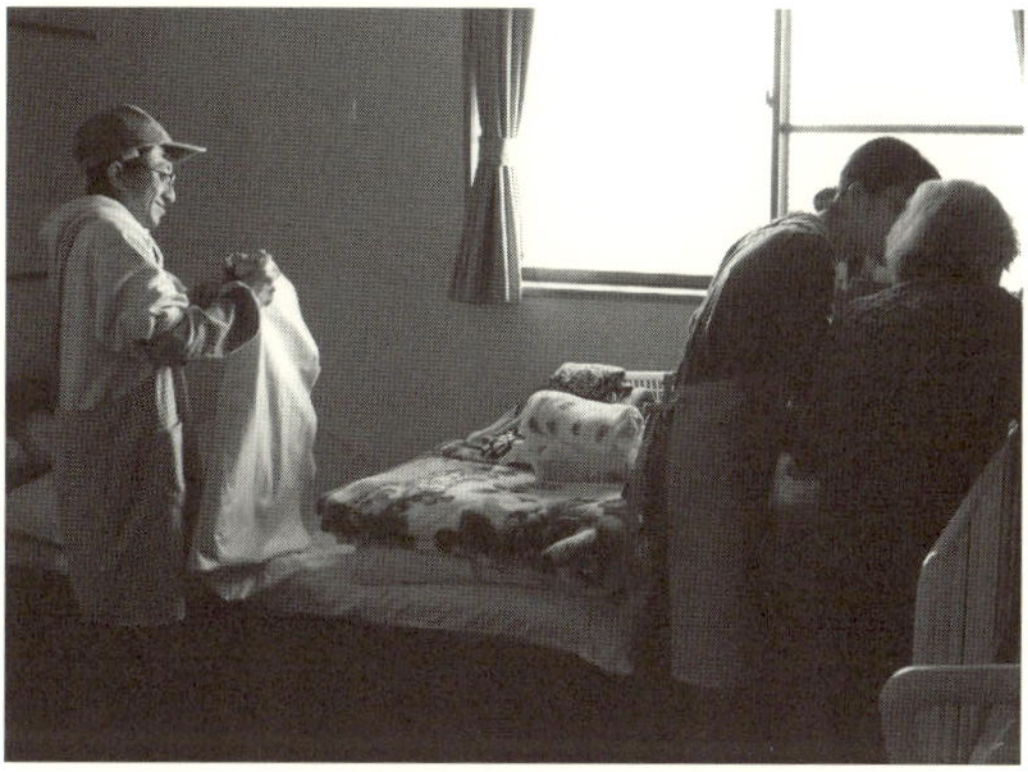

ベッドを整える手を休めることなく職員とお年寄りのやりとりをほほえみながら見つめる濱田さん

同僚の井手育子さん（57）が言い添える。

「平本さんとは親子みたいな感じですよ。かわいくてかわいくて、たまらんもん」

佐賀市金立町の宅老所「大野原」で掃除や洗濯、調理などを手伝っている42歳の野田裕慈さんは身長１８５㌢、体重は１００㌔を超える巨漢だが、「気は優しくて力持ち」という言葉そのままの人で、宅老所に集うお年寄りたちの絶大な人気を集めている。

「大野原」が初めて若年性アルツハイマーの女性を受け入れ、どう接していいのか分からず、手探り状態だった頃、巧まずしてその女性の緊張を解きほぐしてくれたのが野田さんだった。「大野原」の所長、坂本仁美さん（55）が振り返る。

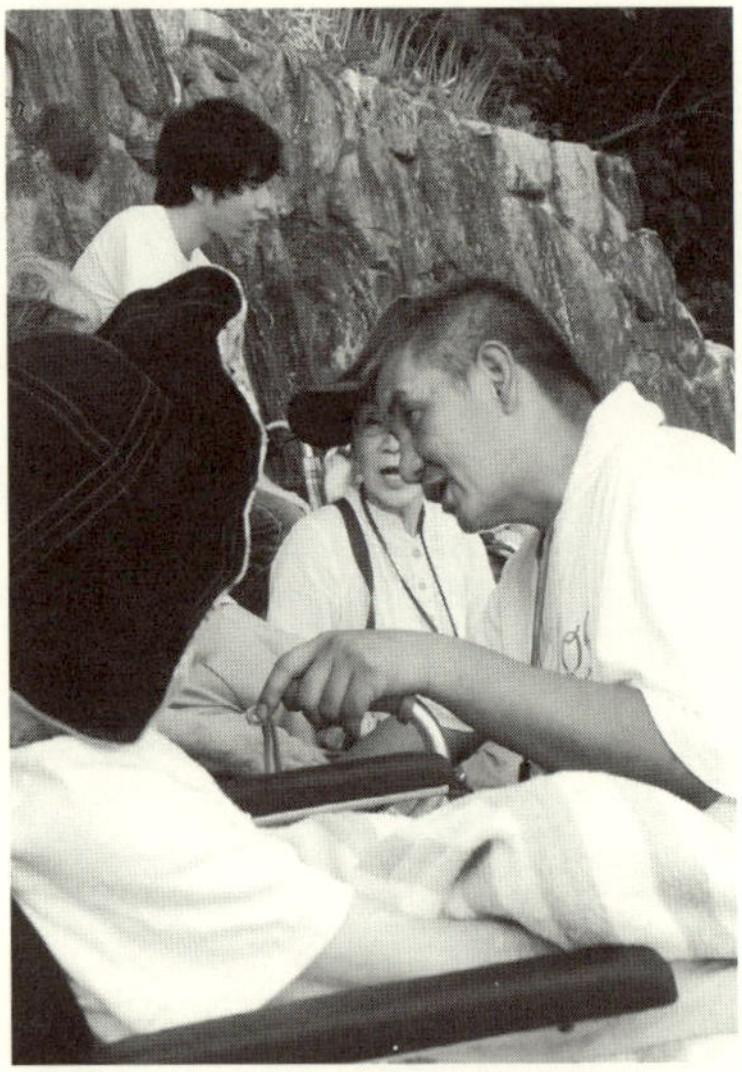

お年寄りに自然体で声をかける「大野原」の野田さん。１００㌔を超える巨漢だが、気は優しくて力持ち

「その方は知らない人の目がすごく気になるようで、人がたくさんいると緊張されるんですね。だからここに来られても車から下りられないんですよ」

当時の記録を見てもらうと、最初は車から下りるだけで45分かかっている。車から下りても玄関の戸の中に入るのにまたためらいが始まり、中に入ったら靴を脱ぐのにためらい、靴を脱いだら廊下に上がるのにためらい、廊下からデイルームに入るのにまたためらうといった調子で、宅老所の生活になじむどころか、中に入ってもらうだけで大変なエネルギーを費やす状態がしばらく続いている。なかなか車から下りてくれないため、そのままドライブに出かけることも珍しくなかったようだ。

ところが野田さんのおおらかで打算のない人柄に触れてその女性は心を開き、彼が迎えに行くとすんなりと上がってきてくれるようになったのだ。

坂本さんは言う。

「野田さんは関わり方が本当に自然体なんですよ。全然構える感じがなくて、すーっと自然に寄りそっていけるんです。何も特別な勉強はしておられないから、言葉かけとかは私たちがやってるのを見よう見まねで身につけられたんでしょうけど、それが全然わざとらしくなくて、自然で柔らかくて。だからその女性もいつの間にかすっかりなつかれて、彼の後を追っかけるようになられたんです。そんなふうに私たちも彼に見習うことがとても多いんです」

「たすけあい佐賀」の障害者雇用の責任者、稲田洋子さん（46）によると、雇っている知的障害者は14人で、そのうち5人は重度。全員が市中心部の「よってこ十間堀」というコミュニティーカフェを拠点に働き、8人が各宅老所に、2人が中心部の別のコミュニティーカフェに派遣され、4人は郊外に借りた畑に通って有機農法で無農薬野菜を栽培している。とれた野菜は週に2回、各宅老所やカフェを回って買ってもらう仕組みだ。

「たすけあい佐賀」は、障害者を雇用し始めた2005年以来、全員に最低賃金以上の報酬を支払ってきており、11年4月には障害者就労継続支援A型事業所の指定を受けている。

佐賀市長瀬町の宅老所「ながせ」で調理の手伝いをしている大久保ひろみさん(59)は、5までの数しか理解できず、1人では買い物ができない。実の両親は不明で、引き取って育ててくれた養母もすでに亡く、身寄りは全くない。しかし、コミュニティーカフェで働く仲間の山下真理子さん(38)と一緒に同市大財の宅老所「おおたから」の2階で生活し、「ながせ」に通って働いているため、障害者年金と合わせて経済的には完全に自立した生活を営めている。

夕方、その「おおたから」を訪ねると、大久保さんと山下さんがそれぞれの仕事場から帰ってきて、宅老所のお年寄りたちと食卓を囲んでいた。食事が終わると2人はさっと立ち上がって流しに行き、全員の食器を洗い始めた。洗い終わった食器はテーブルに運ばれ、お年寄りたちが布巾で拭き上げていく。

そのお年寄りの一人が言った。

「これをやらせてもらえるけんうれしいと。家でもやっとったし、自分も役に立てるて思わるってでしょうが」
役割と居場所。その大切さをまた思う。

世代が近いからこそ

佐賀市内に七つの宅老所を営む「たすけあい佐賀」は高齢者雇用にも積極的だ。2008年に常勤職員の定年を65歳まで引き上げ、希望すれば70歳まで働けるようにした。その前からパートには年齢制限を設けておらず、何歳になっても働き続けることができる。

そのため宅老所「おおたから」の調理員として働く76歳の中園道子さんを筆頭に、宅老所「柳町」の夜勤専門の介護職員、江越伊都子さん(74)など法人全体で70代のスタッフを8人擁している。その多くがはつらつとしていて、はた目には60代にしか見えない。

宅老所「てんゆう」でも、75歳の調理員、光岡梅子さんと、調理だけでなく介護もこなす73歳の五郎川照代さんが働いている。五郎川さんは「てんゆう」が開所した2001年12月当初からここに勤める生き字引的存在だ。

認知症のため自宅から「てんゆう」に通ってくる92歳の松本しのぶさんは、その五郎川さ

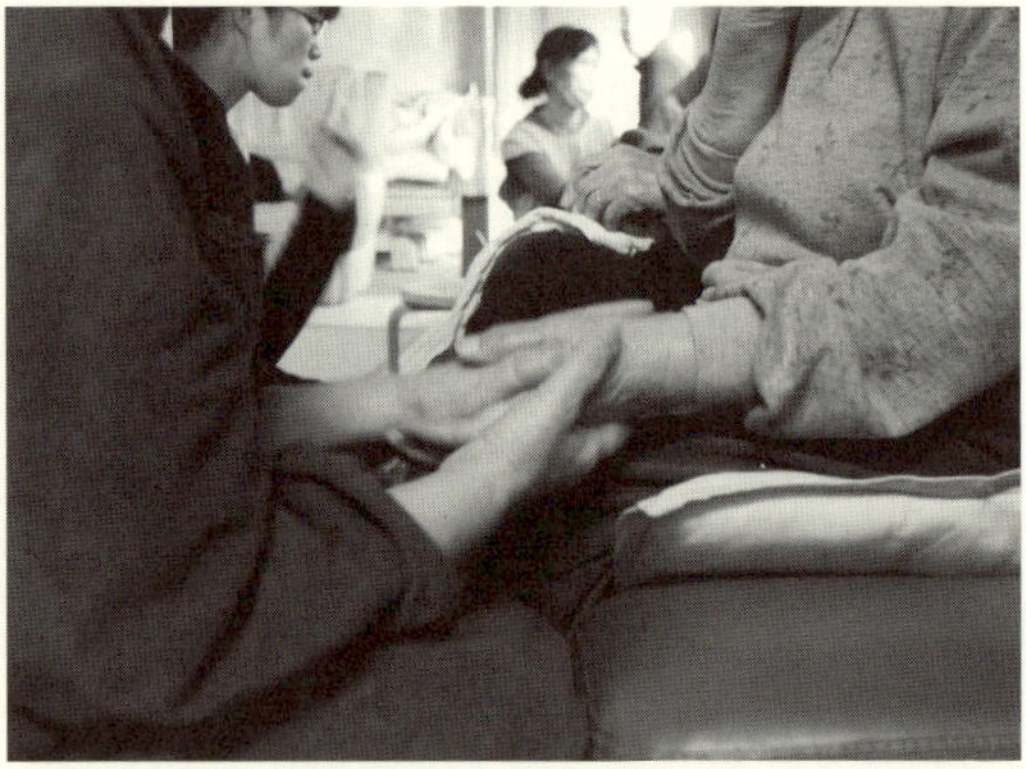
松本しのぶさんと会話する時、五郎川さんはいつも手を握って話す

んを同郷の幼なじみ「岡本さん」と思いこんでいる。それゆえ2人の間ではいつもこんな会話が交わされることになる。

松本　あらあー、岡本さん、今日も来とったと？

五郎川　うん。ここに来たら、あなたに会えるけんね。

松本　そうね。もう前の仕事はやめたつたいねえ。

五郎川　うん。もうやめた。

松本　息子さんはどけ行っとんなさる？

五郎川　仕事に行ってるよ。仕事に。

松本　孫も何人でんおらっしゃっとやろ。

五郎川　うん。

松本　そうねえ。結局、あんたが一番よかったばい。

五郎川　ありがとう。

松本さんとのあいさつ代わりのやりとりを終えた五郎川さんが私に説明してくれる。

「否定したら混乱しなさっけん、私も岡本さんになりきって答ゆっとですよ。せっかく友達に会えるからと喜んで来られとるけんですねえ。やっぱり、私ん年がそんなに違わんけんでしょうね」

以前、お風呂に入れようとすると「ギャーッ」と叫んで、猛烈な拒絶反応を示すお年寄りがいた。脱衣所に足を踏み入れることすらできないほど恐怖心が強く、家でもずっと入浴させることができずに体を拭くだけだったという。ところが「てんゆう」にほかのお年寄りたちと一緒に通っているうち、声をかけると自然に風呂に入れるようになった。

「その方は五郎川さんが介助してくださると、とても安心感があるみたいでした。きっとお母さんにしてもらってるような気持ちになられたんでしょうね。私のような若い者だとやっぱり抵抗があるみたいでしたから」と看護師の内田茜さん（27）。

五郎川さんは時折「よかごつ踊り」と称して、でたらめな日本舞踊を演歌に合わせて即興で踊ってみせる。すると、お年寄りたちがやんやの喝采を送り、デイルームに笑い声がはじける。

「てんゆう」で彼女の「よかごつ踊り」を堪能した翌日、宅老所「柳町」でその話をすると、「柳町」の職員たちが「五郎川さんは自分の家も大変なのに……。すごいねえ」としきりに感心していた。聞けば、彼女の連れ合いが半年ほど前に脳血管障害で倒れ、まだ入院しているという。前日に私が連れ合いのことを尋ねた時は、病気や入院のことを五郎川さんはおくびにも出していなかった。

後日本人にぶつけると、苦笑しながら明かしてくれた。夫婦二人で暮らしていたが、夫が入院した今は「てんゆう」で働きながら病院に毎日欠かさず面会に通っているのだと。

「先がない癌《がん》とかの病気やったら、多分働く気にはならんかったと思うけどね。そうじゃないから。家におってもかえっていろいろ考ゆっけんですね。だから、ここで働かせてもらって、ほんとに救われてます。主人が病院でリハビリしとるのと一緒で、私もここでリハビリさしてもらっとるようなもんです。ここに来て、いろんな方とお会いできるとが楽しいんですよ。だから元気でいられるんです」

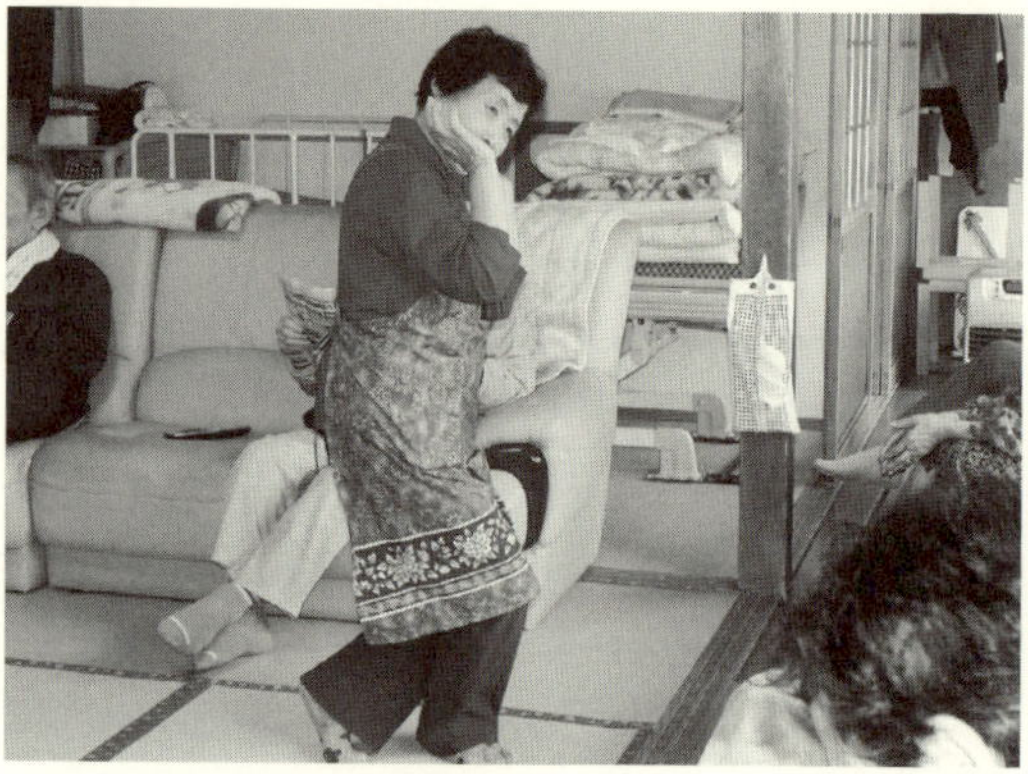
「よかごつ踊り」を披露する五郎川さん

支えているようで支えられている。そんな関係が確かにある。

人は補いあって生きる

「あらあー、フックオカのフクオカさーん、いらっしゃーい」

宅老所「てんゆう」に顔を出すと、イントネーションに特徴のあるちょっとぎこちない日本語で、いつも元気いっぱいに迎えてくれる人がいる。ヘルパー2級の資格を取り、介護スタッフとして働く森永エロイザさん（38）だ。

フィリピンのマニラで4人兄弟の2番目に生まれたエロイザさんが佐賀にやってきたのは、大学を卒業して4年目の26歳の時。フィリピンのタレントを佐賀のショーパブにスカウトする仕事でマニラに通っていた夫の忠勝さん（70）に見初められて結婚したからだ。今は夫婦と忠勝さんが前妻ともうけた高校生の長男、それにエロイザさんが産んだ小学生の2人の息子の5人で暮らしている。

忠勝さんは結婚前に喉頭がんで声帯を失い、喉の振動を音声に変える器具を使わないと話ができない。その人工音声で笑いながら言う。

「この声で口説いたんだよ。それでもあえてきてくれたんだから、ありがたいよね。30以上年の違う、声も出ない男の所に。おまけにフィリピン人の前の奥さんが連れて帰っていた

いつも笑顔を絶やさないエロイザさん

長男がかわいそうな生活してるって、うちのタレントから聞いて、すぐフィリピンに行ってね。向こうのおばあちゃんたちと話をつけて、彼女が連れてきてくれたわけよ。だから私は感謝でね、頭上がらないんですよ。料理も買い物も私がするし、今朝もお布団干してきましたよ。ハハハハ」

「てんゆう」の同僚、志田れい子さん（63）も言っていた。

「エロイザさんは前の奥さんの子どもさんも自分が産んだ子どもさんも、分け隔てせずにとても可愛がっておられるんです。だから一番上の子も全く引け目を感じずに、お母さん、お母さんって慕ってます。3人とももののすごく素直でいい子に育っているんですよ」

その言葉にうなずきながら、所長の清水雄治さん（35）が続けた。

「彼女が言ってました。結婚したら、相手の家族もみんな自分の家族って思う。それはフィリピンでは普通のことで、そうじゃないのが不思議だって」

「てんゆう」で暮らす夫に毎日面会に通ってくる池田千津子さん（78）が言い添える。

「エロイザさんと話しとると、子どもさんに注ぐ愛情の深さがよーく分かるですよ。同じように、ここのお年寄りにもやさしくしてくださるから。情けがあるっちゅうか、素晴らしい人ですよ」

12年の日本暮らしでエロイザさんは会話にはあまり不自由しなくなった。ただ宅老所の利用者の名前以外は漢字が読めないなど、ハンディは今もある。でもエロイザさんは「しごと、とってもおもしろいよ」とお日様のような笑顔を浮かべる。

「ワタシのおばあちゃん、2ねんまえに93さいでなくなった。ワタシ、ちいさいころにそのひとにそだててもらった。やけん、としよりだいすき。それにここ、みんなやさしいもん。ニホンにきてるトモダチからきくよ。ニホンジンいじわるとか、いじめるおおいよって。でも、ここのひとたち、すごいやさしい。みんながやさしくないと、ワタシはやさしくないよ。おとうさんもやさしいからけっこんした。おとうさんのかぞく、みんなやさしい。としはなれててもかんけいないよ」

どっちが先か分からないけれど、優しさに優しさで応えていくうち、こうしていつの間にか支えあって共に生きる関係は生まれるのだろうか。

春の異動で「てんゆう」から別の宅老所「ながせ」に移った看護師の内田茜さんがしみじみと言っていた。

「ここで2年間働いて、支えあうってこういうことなのかなあって思うようになりましたね。組織では普通、それぞれが一人前の役割をきちんと果たすことがまず求められますよね。でもここは、障害のある人も、外国から来て漢字の読めない人も、高齢だったり家庭の事情で長時間は働けない人も、利用者のお年寄りの皆さんも、足りないところを互いに補いあって、みんなで回してるでしょ。つくづく思いますねえ。人ってやっぱり、1人では生きていないんやねえって」

思いをつないで

助けられたり、助けたり

佐賀市内に七つの宅老所のほか、二つのコミュニティーカフェ、託児所、訪問介護ステーションなどを営むＮＰＯ法人「たすけあい佐賀」は、常勤、非常勤合わせて１１０人のスタッフを擁する。そのうち知的障害者が14人、70代の高齢者が８人おり、合わせると全体の2割を占める。70代の８人全員が宅老所で働いており、知的障害者も８人は宅老所に派遣されてくる。

通常、福祉サービスの受け手ととらえられがちな人たちを、介護福祉士や看護師、ヘルパーなど専門職とともにサービスを提供する側に組み込んだユニークな支えあいの組織を作り上げたのは、法人代表の西田京子さん（68）と、副代表の吉村香代子さん（61）だ。

西田さんは敗戦の年に中国で生まれ、横浜国立大の教育学部で化学を学んだ。佐賀とは縁もゆかりもなかったが、同じ大学で地質学を専攻した夫が九州大の大学院を経て佐賀大に就職したため、44年前に移ってきた。親や親戚の援助が一切期待できないこの地で、高校の非常勤講師や予備校講師をし、不登校児のための学習塾を自宅で開いたりしながら３人の子を育てる中で、市民同士が助けあえる仕組みの必要性を痛感していたと言う。

西田さんが最初に福祉と関わったのは「かささぎの里」という知的障害者の作業所を支援する活動だった。

「当時、そこの職員の報酬はスズメの涙程度でね。廃品回収やバザーで集まったお金をジャラジャラとみんなで分け合うような状態だったの。ましてや作業所の仲間の仕事たるや、割り箸の袋詰めなど段ボール1箱詰めてうん百円の世界でしょ。何じゃこれはと思いましてね。職員がちゃんと食べていけて、障害者も労働に見合った対価をもらえるようにしなければと、社会福祉法人化するための運動を始めたんです」

「たすけあい佐賀」代表の西田さん（左）と副代表の吉村さん

そこに知人に連れられてきたのが吉村さんだった。

当時、社会福祉法人化するには数千万円の資金が必要とされていた。長崎県から佐賀市の代々続くみそ・しょうゆの蔵元に嫁いだ吉村さんは、子育てしながら関わった子ども劇場の活動経験があった。それを基にさまざまなイベントを成功させ、西田さんたちとともに5000万円を超える浄財を集めて1993年に社会福祉法人化を達成した。

「たすけあい佐賀」が雇用する知的障害者に一貫して最低賃金以上の給料を支払ってきたのは、この運動が原点だからだ。

作業所の社会福祉法人化後、２人は介護や子育てなどで市民が助け合える組織づくりに取りかかり、翌94年に「ふくし生協佐賀準備会」を結成。５年間で六つの宅老所の開設を支援して独立させている。そして99年に「困ったときはお互い様」を合言葉に現在のＮＰＯ法人を設立し、佐賀市長瀬町に自前の宅老所の第1号「ながせ」をオープンさせた。

この「ながせ」開設の経緯にはちょっといい話がある。

前年の10月に79歳の独り暮らしのおばあさんが交通事故に遭い、脳挫傷で数時間の命と告げられた。家族は懇意にしていた西田さんたちに看病を依頼したが、病院は付添人を認めない。西田さんたちは家族や親類と偽って付き添い、交代しながらつきっきりで手をさすったり、指をもむなどして看病を続けた。

それが功を奏したのか、数時間の命と言われたおばあさんは5日たっても、10日たっても生き続け、亡くなったのは30日後。西田さんたちの素性がばれて看病できなくなって間もなくだった。西田さんたちの献身的な看病に、遺族は感謝し、おばあさんが暮らしていた家をお年寄りのために役立ててほしいと申し出てくれたのだ。

吉村さんは言う。

「結局、人って助けられたり、助けたりですよね。うちのような古い家業のところは、嫁はこうあらねばっていうのがありがちでしょ。でも姑《しゅうとめ》がすごくいい人で、何にも言わずに自由にさせてもらったんです。だから西田さんと一緒に今までやってこられた。その姑の所に今、たすけあい佐賀からヘルパーに行っています。まさに助けられたり、助けたり。わが家も地で行ってますよ」

「困った」へ柔軟に応える

NPO法人「たすけあい佐賀」が1999年、佐賀市長瀬町に自前の宅老所の第1号として開設した「ながせ」は、利用者がショートステイの90代の男性1人という状態からスタートした。そのたった1人のおじいさんを現在と同じ10人のスタッフが総がかりで介護することからその歴史を刻み始めたのである。

おじいさんは前立腺肥大で、夜ともなると1時間ごとにトイレに立つ人だった。職員たちはその人におむつをさせることもなく、交代で24時間のトイレ介助に取り組んだ。

法人代表の西田京子さんが振り返る。

「ボランティアからスタートした私たちはほとんど資格を持たない素人集団でした。だから全員が講座を受けてヘルパー2級の資格を取って始めたんです。最初の1年はスキルを高めるためのいい助走期間だったと思います。十分余裕のある態勢で実際にやりながら自信とノウハウを身につけていくことができましたのでね。私も1日おきに泊まっていました。きちんと給料も出ないのに、みんなよくやってくれましたよ。きっと意気に燃えてたんでしょうね」

西田さん自身、知的障害者の共同作業所を社会福祉法人化する市民運動に携わったりはしてきたが、福祉関係の資格は何も持っていなかった。ただ社会福祉法人化の運動や「たすけあい佐賀」の前身「ふくし生協佐賀準備会」の事務局として六つの宅老所の設立を支援するうち、知識の必要性を痛感して通信制の大学で学び始めており、54歳だった2000年には社会福祉士の資格を取得している。

「五十の手習いでしたけど、勉強は楽しかったですね。不思議だったことが霧が晴れるようにくっきりと理解できるんですから。世の中は変えられる。でもそのためには声を上げねばならない。学ぶことでそうはっきりと自覚できました」

「ながせ」を開設した当時はまだ介護保険制度の施行前で、完全な自主事業としてのスタートだった。だから何の規制にも縛られず、「困ったときはお互い様」の精神で柔軟に人々の「困った」に対応していった。

「障害児のお母さんから『この子を泊めてほしい』と頼まれてショートステイさせたり、施設で暮らす成人の障害者の方が『家には帰れないけど、ここを家代わりにして一時帰宅したい』と言われて受け入れたり。母親が交通事故にあった母子家庭の子どもさんを1カ月預かってここから保育所に送っていったことも。夫の暴力で逃げ回っている女性を2階でかくまったこともあります。自分たちの家があったら何でもできるよって、その頃は言っていましたねえ」

西田さんは懐かしそうに目を細める。

翌00年4月には介護保険制度が始まり、「ながせ」も通所介護事業所の指定を受けた。そのため柔軟な運営はできなくなったが、制度に乗ったデイサービスとは別に、要望の強い泊まりも自主事業として続けて今に至る。また運営する七つの宅老所のうち、佐賀市大財の「おおたから」と同市北川副町の「絆」は2階を知的障害者のグループホームとし、同市金立町の「大野原」は障害児のデイサービスにも取り組む。さまざまな「困った」に極力応えたいという発足時の精神は形を変えて今も健在だ。

副代表の吉村香代子さんが笑いながら言う。

「1割負担で済む介護保険のデイサービス指定を受けたことで、利用者の負担を増やさずに安定した収入が見込めるようになり、やっと給料を出せたんです。西田さんを含めて全員

8万円ずつ。看護師だけは来てくれる人がいないから20万出してましたけど。次の宅老所を造る資金を金融公庫から借りる時、代表の月給が8万って言ったら、それじゃダメって怒られて。ははは。西田さん所もうちも、お金にもならないのに夫がよく理解してくれたと思います。私たちより早く帰宅したら、ご飯作って待っててくれてましたから」

県の宅老所連絡会や宅老所を全国に広める会の会長も務める西田さんは、佐賀大の教授まで務めた夫の民雄さん（70）のことをこう言ってはばからない。

「今は私の料理番です」

助けたつもりが助けられ

NPO法人「たすけあい佐賀」は2001年2月、「ながせ」に続く2番目の宅老所にする予定だった古い武家屋敷を火災で失う不運に見舞われた。そこは介護保険対象外の元気なお年寄りのためのデイサービス施設として佐賀市から運営を委託されることが決まっており、改修費として2090万円の補助金も予算化されていた。あとは工事に取りかかるばかりだったが、その家自体が灰となってしまい、計画は頓挫した。

そのことが新聞で報じられると「うちの家でいいなら、どんなふうに造り替えてもらっても構わないから使ってほしい」との申し出があり、誕生したのが宅老所「柳町」である。改修費600万円は自前で調達し、介護保険の事業所指定を受けたデイサービスと自主事業の泊まりを組み合わせた「ながせ」同様の宅老所としての開所だった。

家主の松尾和子さん（70）は語る。

「3人の息子たちが巣立って夫婦だけになったので、佐賀駅前のマンションに移ることにしたんです。残る家をどうしようかと考えていた時、火事で焼けて困っているって新聞で読みましてね。お年寄りは庭のある古い木造の平屋が、わが家みたいな気持ちになって落ち着けるとも書かれていたので、ぴったりだと思って電話したらトントン拍子に話が進んで。その時はまさか私の母がお世話になるなんて思ってもいませんでしたけど……」

松尾さんの母、内田タマさんは当時、長男夫婦と同居していた。ところがその兄嫁が交通事故で亡くなり、昼間は1人で家にいることになったため「柳町」のデイサービスを利用し始めたのだ。軽い脳梗塞《こうそく》で入院した際、点滴の針を自分で抜いて医師や看護師を困らせるなどしていたタマさんは、認知症の進行とともに「柳町」に泊まる日が少しずつ増えていき、やがてここで暮らすようになった。

和子さんの子どもたちが小学生時代、看護師として再就職した和子さんを助けるため、タマさんは長男の家から和子さんたちの家に移ってきて同居し、家事全般を肩代わりしていた。そのため「柳町」は、タマさんにとってかつて暮らしたことのある古巣でもあった。勤め帰りに毎日母親の顔をのぞきに「柳町」に寄っていた和子さんも「自分の家に帰るみたいで苦にならんどころか、むしろ楽しみでした」と振り返る。

「柳町」の当時の記録には、タマさんについてのこんな記述がある。

《娘さん訪問。活気ありすぎ。会話絶好調。昼食時にマスクしたまま食べようとされてマスクにケチャップを付ける。爆笑。そのマスクは記念にとっておくと大事にしまわれる》（04年4月1日）

《前日外泊。家族より「自宅に外泊しても環境の違いから体調不良になり、宅老所に戻りたがるため、外泊検討し直したい」と申し出》（同年6月8日）

タマさんは古巣での自分の役割と思っていたのか、食事の支度が整って皆が席につくと「それでは皆さん、いただきましょー」と声をかけ、お年寄りたちが「いただきまーす」と唱和して食べ始める習わしになっていた。その姿を描きとめたイラストが、今も「柳町」に飾られている。

結局タマさんは最後まで寝つくことなく、06年1月11日未明、ポータブルトイレに座ってベッドに戻った途端に血の混じった嘔吐《おうと》をし、そのまま息を引き取った。95歳だった。

「ケチャップ味が好きでね。前の日もハンバーグを『おいしかあ』と言って完食されたん

内田タマさんのイラスト

ですよ。だから良かったねえって。好きなものを食べてから逝きんさったねえって、後からみんなで話したことでした」と所長の満岡緑さん（57）。

今も時折差し入れを持って「柳町」に顔を出す和子さんは言う。

「ここの皆さんには本当によくしてもらいました。骨折してコルセットをはめている時も『寝せとくだけならうちでよかよ。入院させんでよかやないね』って迎え入れてくれてね。困っておられるならと家を貸したけど、逆でした。主人とも話すんです。私たちがどうかあっても『柳町』のあるけん安心って」

助けたつもりが助けられる。世の中には往々にしてそういうことがある。

人は死んでいくけれど

「たすけあい佐賀」の3番目の宅老所「てんゆう」が佐賀市天祐にオープンしたのは2001年12月。法人代表の西田京子さんたちの取り組みを知った市民から「柳町」の時と同様に「自由に作り替えていいから家を使ってほしい」との申し出があり、自前で用意した300万円をかけて改修した。

「てんゆう」は1組の夫婦の利用から始まった。妻は要介護5の重度の認知症で、それまではたすけあい佐賀の別の宅老所「ながせ」で生活していた。「ながせ」のすぐ近くにある自宅から夫が毎日通って妻の世話をしていたが、その年の検診で夫に末期の胃がんが見つかり、入院した途端に夫も一気に認知症が進んでしまった。この2人の退院後の受け皿として「てんゆう」に夫婦で暮らせる部屋が用意されたのだ。

間もなく息子のお骨を抱いた別の夫婦が「てんゆう」に身を寄せてきた。夫婦は未婚の息子の介護を受けていたが、頼りの息子が亡くなったため自宅での生活が困難になった。遠く離れて暮らす娘が施設を探したが、どこも気に入らず、夫婦が「てんゆう」を希望して移ってきたという。

類は友を呼ぶのか、今度は「たすけあい佐賀」の前身「ふくし生協佐賀準備会」で役員を務めてもらった男性が病気になり、認知症の妻共々入院してしまう。そしてやはり退院後の行き場がないということになり、「てんゆう」が受け入れた。これで開所早々、3組の夫婦が同居する状況になったわけだ。

最初の夫婦の夫は暮らし始めた時点で「余命3カ月」と宣告されていた。それから1年以上たっても元気に外を歩き回るなど、一時は「がんが消えた」と医師が錯覚するほどだったが、やがて歩けなくなって最後は寝たきりに。本人も家族も宅老所でのみとりを希望したため、医師とスタッフが話し合い、最後まで病院には運ばないと決めてターミナルケアに取り組んだ。「たすけあい佐賀」にとって初めて経験する意識的なみとりだった。

「何カ月かかりましたかねえ。最後は娘さん2人がずっと交代でみえて、夜は泊まってご両親と一緒に過ごしておられましたよ。本当に穏やかに逝かれました。感激しましたねえ。私も若かったし、お元気な時は随分散歩にお付き合いしたりしてましたから。その思い出がよみがえってねえ」と職員の五郎川照代さん（73）。

西田さんもうなずきながら振り返る。

「遠方におられた息子さんも来て泊まられてね。『おかげで十分看病できました』と言って帰っていかれましたよ。最初『宅老所でみとりなんて』っておっしゃっていたお医者さんも『いい最期だったね』と言ってくださってね」

3組の夫婦のうち5人が逝き、残っているのは90歳のおばあさん1人になった。入所当初から腹部動脈瘤《りゅう》という爆弾を抱えているが、12年後の今もすこぶる元気だ。認知症は進行し、口癖だった「そうなの」が変化した「チョッ！」という声を四六時中発しながら、他の利用者と懐メロを仲良く口ずさんだりして穏やかに暮らしている。

「てんゆう」での朝の恒例、新聞読み

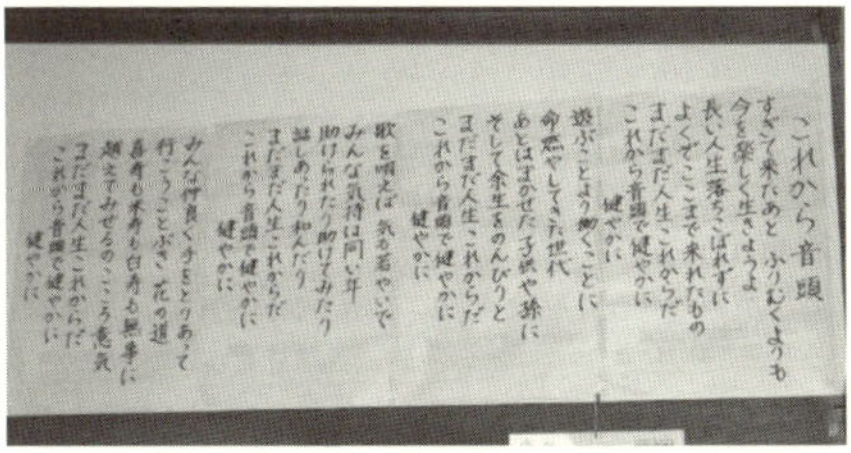

「てんゆう」に張られた「これから音頭」の歌詞

03年4月に開所した同市本庄町の宅老所「鹿の子」も、1組の夫婦のために作ったと言って過言ではない。西田さんが解説する。

「『ながせ』で暮らしていた重い認知症の奥さんを県営アパートから毎日通ってきて世話しておられた91歳のおじいさんが、郵便局から1200万円ポーンと出して寄託されたんです。自分たちには持ち家がないから、夫婦で一緒に暮らせる家を造ってほしいって。びっくりしましたねえ。それで土地と家を買って、私たちは改修費だけ負担してできたのが『鹿の子』です」

夫婦は増築した部屋で暮らし、母屋部分を作り替えてオープンした宅老所のスタッフが夫婦の生活も支えた。

妻は4年前に亡くなり、夫も2年前に100歳まで数日を残して亡くなったが、宅老所にはその後もお年寄りたちが集い、にぎやかな声を響かせてきた。そして、夫婦の部屋だった場所には足湯が設けられ、地域の人たちに開放された。

1人の思いに応えたくて

NPO法人「たすけあい佐賀」の七つの宅老所のうち、利用者の要介護度が平均3・8と重い人たちが最も多いのが「柳町」だ。ここでお年寄りの生き意欲を引き出す介護に果敢に取り組んできた所長の満岡緑さん（57）は、今の職場に来る前にいくつもの介護現場を経験してきた。

最初の職場は21年前、看護助手として勤めた病院の老人病棟。そこには床ずれや疥癬《かいせん》がはびこり、細菌に感染した人がまとめて隔離されている部屋があるなど、目をそむけたくなるような光景が広がっていた。

「手が足りていないから寝かせきりでしょ。すぐ床ずれができるとですよ。でもリハビリの時間になると、パアーッと起こして連れて行くわけです。点数とれますからね。で、戻ってきたらまた寝かせきり。もう思い出すのも嫌です」

耐えられなくなって2カ月で退職し、ハローワークで紹介されて移ったのが、できたばかりの老人保健施設だった。スタッフは新人ばかりで、満岡さんはわずかな看護助手の経験を買われて介護のリーダーに。「心が動けば体は動く」を合言葉に、日常生活にリハビリを取り入れ、オムツ外しや寝かせきりにしないケアに取り組むなど、そこでの8年間は充実していたという。だが、やがて壁に突き当たる。

「散歩に行きたいというおじいさんがおられたとですよ。認知症じゃないけど腸の病気があったけん、途中で発作が起きたら誰が責任とるんだという話になって。ついていってあげたかけど、1人が抜けるとほかの業務に支障が出るし、院長や看護師長の許可が出ないとです。結局希望に沿うことはできないまま、その方は1人で飛び出して怒られて、その後はしゅーんとなってしまわれました。散歩させてあげられたら、生きる力になってたはずなのに」

当時、少人数でゆったりした生活を送りながら、利用者の自由を尊重した支援ができるとしてグループホームのことが話題に上り始めていた。佐賀にもできることを知った満岡さんは、そこでなら一人一人の希望をかなえられるのではないかと考え、思いきって転職した。民間企業が営む大規模なデイサービス施設に併設された9人ずつ2ユニットのグループホームだった。

「最初はやりたいケアができていたし、料理も自分たちで作っとったとです。でも民間企業だけん営利優先で、しばらくしたらデイサービス施設でやっとったバイキングの余り物を食べさせられるごとなって。かわいそかなあと思うような粗末な食事が増えていってですね。おまけに幻覚があってどこにも預かってもらえなかったおじいちゃんが入所して、鍵の掛かった部屋に閉じ込められとったとです。その人もしきりに散歩に行きたがっとったのに……」

もんもんとしていた頃、「たすけあい佐賀」に転職したグループホームの元同僚から電話があった。うちが新しく作る宅老所なら、あなたがやりたいと言っていた介護ができるのではないか、と。結局グループホームは1年で辞め、「柳町」の開所と同時に所長に就任した。そして鍵の掛かった部屋にいた男性をグループホームから迎え入れた。

「症状は悪化の一途だったでしょ。どがんかしてあげたくてね。ここではしょっちゅう歩

お年寄りの手を握って話す満岡緑さん

いて買い物に行きました。足の丈夫な男性の利用者がほかに2人おられたけん、一緒にわいわい言いながら。三つの帽子を場面場面で着替えたりして、おしゃれもいっぱいしんさったです。そんなとがよかったとでしょうね。3年近くものすごく状態がよくて、生活をめいっぱい楽しまれてました。私も楽しかったですねえ」

　男性は体調を崩したのをきっかけに自分の体にかじりついて食べようとするなど、最後は激しい精神症状が現れ、精神科病院に移ってそこで亡くなった。

「最後までお世話できなかった悔いはあります。でも、ここで過ごした時間は輝いてたはずだから。私たちもやれることはやったという思いがあります」

　1人の思いにできうる限り応えたい。満岡さんと「柳町」のスタッフたちの介護の原点である。

自由とリスクのはざまで

認知症のお年寄りの中には自分の身体機能の衰えを認識できず、ふらつく足でしきりに歩き回りたがる人もいる。そんな場合、薬や身体的な拘束によって動き回らないようにする措置がとられることも多い。お年寄りの自由か、リスク回避か。これは高齢者施設が必ず直面するジレンマであり、往々にしてリスク回避の方が優先されがちだ。

宅老所「柳町」も開所して1年後、そのジレンマを突きつけられた。所長の満岡緑さんは言う。

「田山正子さんっていう80代のおばあさんが入ってこられたんですけど、足元がおぼつかないのに、歩き回りんさっとですよ。よろよろするたび、ターザンのごと『アーアーアー』って叫びながら。それに、うちはずっと玄関に施錠せずに対応してきたけん、最初のころは家をしょっちゅう抜け出しんさってね。座布団ばしっかり抱いて」

満岡さんたちは、田山さんの歩きたい、外に出たいという気持ちの方を大切にすることにした。たとえけがは防げても、意欲を抑えつけてしまったら、田山さんの生きる喜びを奪ってしまうと考えたからだ。

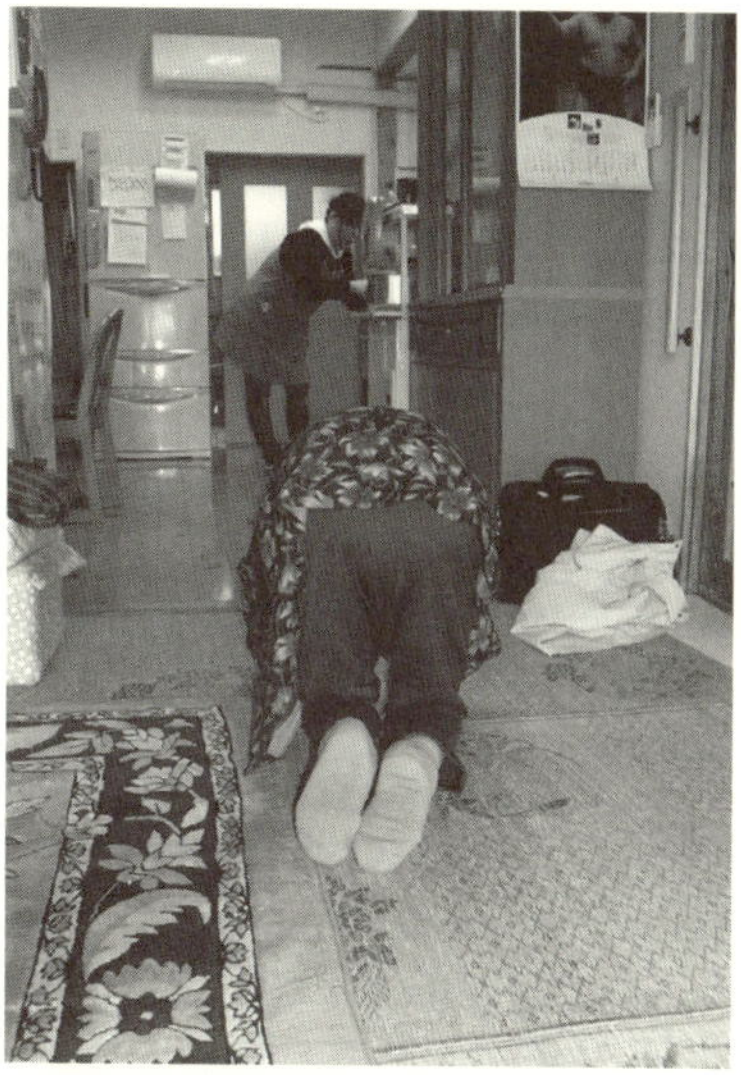
「柳町」ではお年寄りがはって移動することも妨げない

「私たちが目に入ると『監視して!』って怒りんさっけん、つんのめりながら歩く正子さんの後ろから、ついて行っとるのが分からんごと、でも転びそうになったらすぐ支えらるっごと、微妙な距離を保ちながら見守りました。本人に自由って思ってもらうとを大事にしようってみんなで話して」

それでも田山さんは職員が目を離した隙《すき》に転んだり、職員が1人しかいない夜間にケガしたりということを繰り返した。当時の記録にはその壮絶な日々が克明に記されている。

《多動でフラフラ歩行。つかまり、どさっと座り込むなど危険動作目立つ。ほかの人につかまり起立しようとするなど目が離せない。朝7時、自力で起き上がり、ポータブルトイレを持って出ていこうとされ転倒。自室の戸で背中と頭を打つ》

《ふらふらと全く自覚なく多動。目が離せず、常に付き添うが、介助に立腹される。12時、トイレの後で玄関前の廊下から転倒。人形ケースのガラスが大破し、すごい音がした

が、灯油入れがクッションになって本人にけがなし》
《19時40分に転倒し、ガラス戸に頭突っ込んでガラス3枚大破。けがあり》
《洗面所への移動時にバランス崩し、風呂場の方へ後ろ向きに倒れてくる。偶然入浴準備のため風呂場にいた職員が全身で体を受け止め転倒防止。危機一髪。そのままタイルに倒れていたらと想像するとスタッフ全員「ヒェーッ」。左肘の皮をむき、その処置中に「痛か～、死んだがまし」。その後も危険歩行多く、ひやひや多発》
《朝4時、トイレに行こうと立ち上がりよろけて転倒、隣室の戸のさんで頭頂部に長さ5センチ、深さ5ミリの傷。頭頂部の痛みはなし。病院受診して縫合》
《歩行がふらつき、とても危険。常時視野に入れて見守る。移動動作の初めに特に危険大。自分の歩行不安定に「キャー」の奇声。危険状態日中4回。その都度スタッフがキャッチする。その時々で悪態ついたり、感謝したり》
《ふらつき歩行で冷蔵庫に突進、取っ手につかまり止まるが、扉が開いて「ギャーッ」。職員が受け止めて転倒防ぐ》
そんな綱渡りの日々が丸2年間続き、２００４年10月16日、デイルームから台所へ移動中に田山さんは右腕をあげた状態で横向きに倒れ、右肩と右太ももを骨折してしまう。そしてこれを境に歩けなくなり、車椅子生活となった。手術のため入院した病院は認知症の症状に手を焼き、早々に退院を迫られた家族は再び「柳町」に戻ることを選択する。

満岡さんは振り返る。

「何かあるたびにご家族には報告しとったけど、それでも自由に歩いてもらいたいっていう私たちの気持ちを理解してくんさっとったけんですね。田山さんはほかにもいっぱい思い出を作ってくれました。大変だったけど、いろんなことを教えてくれた私たちの恩人です」

雑巾縫いで戻った生気

「家がゴミ屋敷になっとるけん何とかしてと『たすけあい佐賀』にご家族からSOSが入ったのが最初でね。うちに連れてこられた時は何カ月お風呂に入っとられんかったとやろか。体から臭いばプンプンさせて、すごい状態でした。風呂嫌いで入ってくれんって、ご家族も困り果てとんさったですもんね」

宅老所「柳町」の所長、満岡緑さんは、ふらふら歩きで転んではケガを繰り返し、ハラハラさせられ通しだった田山正子さんとの出会いをそう語る。

当時、田山さんは息子家族と同じ敷地内の別棟に夫と2人で暮らしていた。認知症と身体機能の低下が並行して進み、主に夫が世話をしていたという。

「ご主人と家に帰りんさったまま、宅老所に戻ってこられんけん、迎えに行ったことのあるとですよ。部屋に入ったら汚い汚い。3日帰っただけでこがん汚るっとだろかて思うごと。物ばポンポン投げよんさっとですよ。『お父さん、はい』とか言って。『わたしゃここにおる』て言いんさっけん、どうもできんかったとでしょうね。ごちそうのあるけんとか言って何とか連れて帰れて、ほっとしたのを覚えてますよ」

その夫が脳血管障害で急死したのは、それから間もなくのことだった。田山さん夫婦は相思相愛で、夫が面会に来るといつもべたべたくっついてみんなを羨ましがらせた。その様子を描いたイラストが今も「柳町」に残っている。

仲睦まじかった田山さん夫妻のイラスト

お年寄りを受け入れる時、「柳町」ではライフヒストリーや特技、好みなどの情報を仕入れようと努める。そこに介護のヒントが隠れているからだ。ただケアマネジャーから渡される記録からだけで、心の琴線に触れるような接し方が見つかることはまずない。やはり実際に肌で接しながら当人の求めるものに応えたり、繰り返し語られる話に根気よく耳を傾けるうち、行動の裏側に隠れた内面は見えてくる。

「正子さんの場合、若い時に着物を縫っておられて、今もその仕事をしとるつもりだったんですよ。仕事の忙しかけん、こげなとこにおられんって外に飛び出しておられたんです。そんなら縫い物してもらおうと、彼女用の針箱を職員が手作りして雑巾ば縫ってもらうごとしたんです。そしたら生活が生き返ったとですよ」

室内でのうろうろは相変わらずだったが、外への飛び出しがピタリとやみ、「仕事のあるけん」と逆に宅老所から離れるのを嫌がるようになったのだ。

初めは針をなくして慌てて捜したりしていたが、見つけやすいよう針に黒糸を通して渡すなどの工夫を重ねて解決していった。

認知症が進んだ正子さんの縫う雑巾は、とても使いものにならなかった。でも本人はちゃんとした着物を縫っているつもりでいた。

やがて職員や他のお年寄りに何かしてもらうたび、正子さんはこう言うようになる。

「あなた、寸法ば測ってやろうか。お着物作ってあげるよ」

お礼に着物を縫ってあげたいという正子さんの気持ちを壊さぬよう職員たちが接し続けていると、もう一つ思わぬ変化が現れた。

「柳町」の鴨居に下げられた小さな手編みの帽子とセーター

「お風呂に入れようとするとすごく抵抗されとったのに、風呂好きになられたとです。機嫌が悪くても、風呂に誘うと機嫌が直るほど。本当はお風呂が大好きだったのに、したいことをさせてもらえないから、かたくなになっとられたとでしょうね。心ゆくまで縫い物できるごとなって、それを感謝されて、心のほどけたとですよ」

田山さんは骨折して車椅子生活となった5カ月後、インフルエンザをこじらせて入院した。その病院で肺に水がたまり、家族が延命措置を希望したため、胃ろうが施されて老人保健施設に移り、1年半後に亡くなった。

「あんなににぎやかなのが大好きな人だったのに、見舞いに行ったら、管につながれてぽつんと……。寂しいやろうなあといたたまれなくてねえ」

脳梗塞《こうそく》の後遺症で24時間点滴が必要な村岡フサコさん（98）を満岡さんが「柳町」に受け入れたのは、この時に味わった無念を再び味わいたくないからだった。

ただ座って話すだけで

「いちにーの、よいしょ。いちにーの、よいしょ」

かけ声とともに職員が3人がかりでバスタオルごと抱え上げ、ベッドサイドに横付けしたリクライニング式の車椅子に移す。その瞬間、98歳の村岡フサコさんの大声が宅老所「柳町」に響きわたった。

「アイター、アイタタター、アイター」

脳梗塞《こうそく》の後遺症で前の年の4月からベッドで寝たきりだった村岡さんが、ついに車椅子に移乗して座って過ごせるようになったのだ。

「車椅子に移りましたよお。痛かとは終わりました。良かったねえ。広間で○○○の皆さんがいっぱい待っとられますけんねえ。行きましょうねえ」

所長の満岡緑さんが車椅子を起こしながら声をかけると、村岡さんが「○○○？　えへっ、そうねえ」と、もう笑顔を浮かべている。○○○とは、村岡さんが生まれた佐賀県嬉野市の地名。その名前を出すと村岡さんの機嫌がよくなることが多いため、「柳町」の職員たちが村岡さんの介護をする時、最近よく使う方便である。

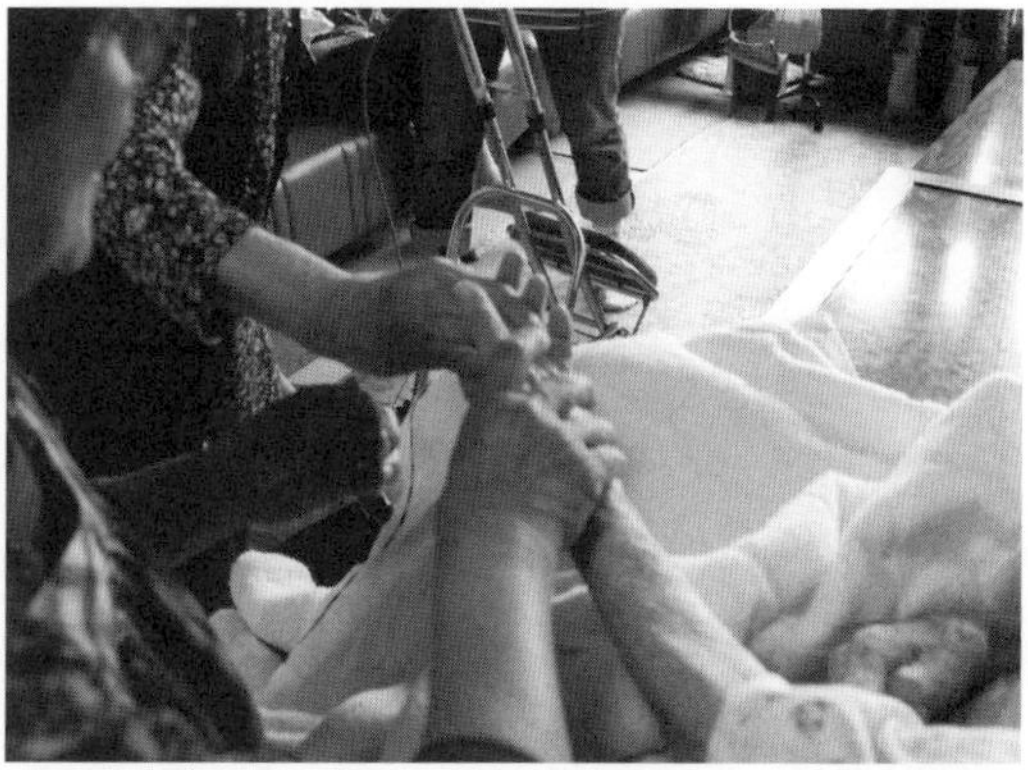

車椅子に移乗してデイルームに出て来た村岡さんのもとに横松さんが駆け寄り手を握って声をかけていた

車椅子がデイルームに入ると、92歳の横松サダさんが「わあ」と驚きの声をあげ、押し車を押しながら近づいてきた。村岡さんが脳梗塞を起こす前、一番仲のよかった人だ。

「村岡さーん、元気になったねえ。横松よ。よ、こ、ま、つ。覚えとる？　一緒に自動車に乗ってここにきよったよ。よお2人で自動車で迎えに来てもろうたりしたよ。まいっちょ元気になって、また行こい、ドライブに。早う元気になって、行きましょ。ねっ」

村岡さんがにっこりすると、横松さんが「ニコッと笑いよる、ニコッと。わあー」と歓声をあげた。つられるように村岡さんが「うれしかあ」と言うと、そばにいた職員たちも口々に「うれしいねえ」、「よかったねえ」と喜びあっている。

次に満岡さんは88歳の上杉カズさんを村岡さんに紹介した。

満岡　村岡さーん、上杉さんですよ。上杉さんはご主人が自転車屋さんだったんです。

村岡　あらあ、そやーんですか。んなら大抵私がお世話になっとるね。

上杉　なーん、お互いさまたーい。

満岡　村岡さんは頭は誰にも負けんだったばってんが、自転車が苦手やったんよね。ばってん小学校の先生になって、家庭訪問で子どもたちの家ば回るとに乗らんばいかんごとなって、死に物狂いで練習したんよね。旦那さんが後ろからこうやって押していきよんさって、パッと手ば放して、やっとこさ乗りきるごとなったとよね。

村岡　ふふふふ。そんなこつばっかい言うてから……。

満岡　よかったねえ。自転車屋さんもおんさっけん、世話なしですよお。

村岡　うん。世話なしねえ。ふふふ……。

ベッド上では意味不明の独り言をつぶやいていることが増えた村岡さんだが、受け答えがどんどんしっかりしたものになっていく。

そのうち、三度の飯より歌が好きな95歳の小島杉子さんが、職員の「村岡さんに1曲歌ってあげて」という求めに応じて「牛若丸」を歌い始めた。小島さんの歌に他のお年寄りと一緒に村岡さんも「京の五条の橋の上……」と唱和している。

「牛若丸」の歌で最高潮に達し、この日の離床は終わった。車椅子に移乗時と床に戻す時に痛みの訴えがあっただけで、村岡さんは終始上機嫌だった。

村岡さんが過ごす部屋の天井にはとぼけた貼り絵が

車椅子でデイルームに出て来た村岡さんのために「牛若丸」を熱唱する小島さん。そこに八坂医師が往診にやってきた

車椅子に座れるようになった村岡さんに祝福の声をかける八坂医師

村岡さんは24時間点滴が必要で、離床できるのは血圧や体温が安定していて体調がいい日に限られる。しかもそれは1日1時間を超えることはまずない。それでも車椅子に座って、仲間が集うデイルームで過ごすひとときが、肺炎で入院中に脳梗塞を起こして以来ずっと天井ばかり眺めてきた彼女にとってどんなにかけがえのない時間であるか、その表情が何よりも雄弁に物語っていた。

「牛若丸」の熱唱の最中に往診に訪れた内科医の八坂達臣さん（64）が目を見張りながら言った。

「やっぱりベッドに寝ている時と顔つきが全然違いますね。ただ座って仲間のお年寄りと話すだけなのにねえ」

温かな思い出に抱かれて

今、人生の最終章を迎えているお年寄りには、戦前戦中を外地で過ごした人も多い。戦後の引き揚げを経て波瀾《はらん》万丈の人生を送った人も珍しくないが、「たすけあい佐賀」が佐賀市内で営む宅老所の一つで暮らす90代の川島フミ子さんは、中でもとびきりドラマチックな人生を歩んできた一人だろう。その人生行路を人に語ってきかせるのが今の彼女の生きがいになっている。

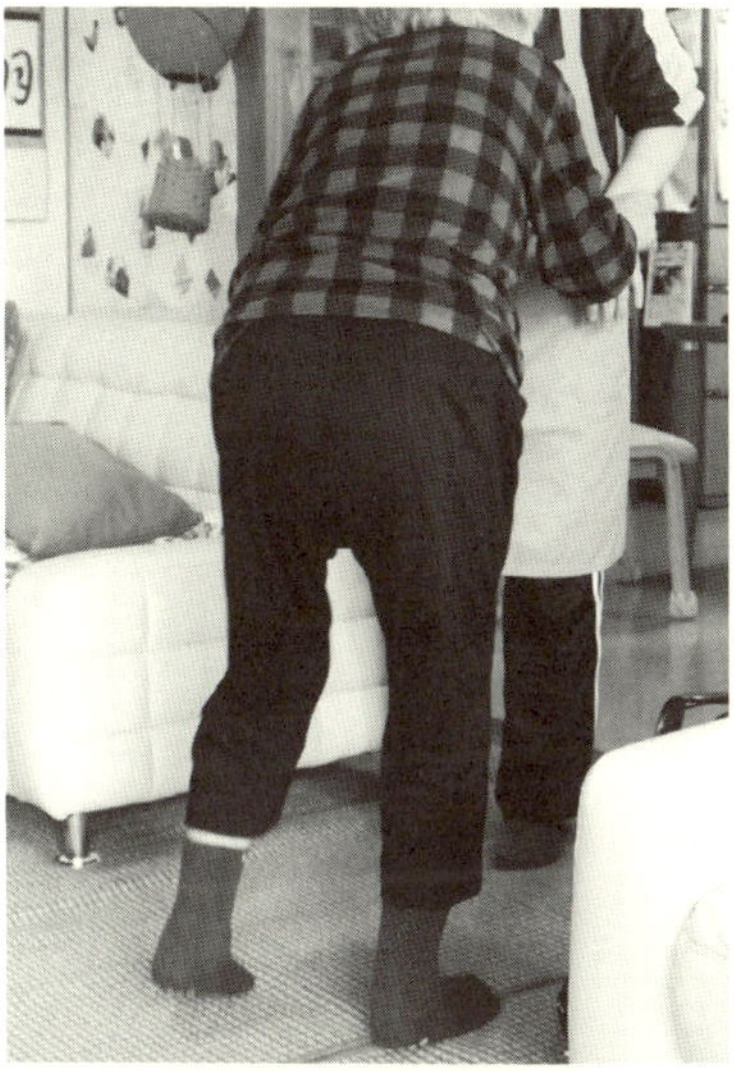

川島フミ子さんは職員に手を引かれて何とか歩ける程度だ

宅老所の所長に紹介されて私があいさつすると、すぐに川島さんは自分が当時の日本の植民地で生まれ育ち、向こうの放送局で歌手をしていたと話し始めた。

所長によると、川島さんの話は多少の脚色や思い違いはあっても、おおむね事実に基づいているという。そして彼女の話に耳を傾けた男性は決まって、ある「洗礼」を受けることになるのだと、所長は意味ありげな笑みを浮かべた。

初対面の私と川島さんの会話はこんな具合に進んだ。

――歌手って本当ですか？

「はい。ラジオでしょっちゅう歌ってました。向こうの言葉もペラペラしゃべります。でも戦争に負けたから追い出されました」

――ご苦労なさったんですね。

「食われんけんキャバレーで働きました。アメリカ人ばっかりでした。だいぶ長いこと働いていたので、英語もそこそこ使えるようになりました。タンゴ、ワルツ、ジルバ、全部覚えました」

――ダンスも？

「はーい。今でも全部踊れます」

――ここでは歌ったりされないの？

問いが終わるより早く川島さんは「ハッピィ　ブゥアースディ　トゥー　ユゥー　ハッピィ　ブゥアースディ　トゥー　ユゥー……」と見事な発音で歌い始め、こう続けた。

「ここでもピアノを弾きながら歌わされます。おもちゃのピアノだけど」

——ピアノも弾けるんですか。すごいなあ。

「ふふふっ。私、何回も結婚したの」

——えっ、なんで？

「1人には逃げられた。1人は姑《しゅうとめ》、小姑《こじゅうと》に私が追い出された。もう1人は私が逃げ出しました。最後にいい人と一緒になって、やっと幸せになりました」

——大変でしたね。

「はい。優しくてねえ、お父ちゃん。毎晩キスしてくれてね。子どもも産ませてくれて。でも早死にしてしまいました。それで、あなたは何してるの」

——新聞記者です。

「新聞記者？　私、20年間新聞配達してましたよ」

——キャバレーを辞めてから？

「はい。パチンコ屋に勤めたり、競馬場でうどん屋したりしてさ。車を毎日100台洗ったりもしました。そして新聞配達。夜中の2時から5時間かけて700軒。毎日100キロ（10キロの誤り？）歩いてました。だから今でも1人で歩けます。でも1人で歩いたらみんなから怒られる。危ないからダメって」

――転んだら大ごとやけん。

「転んでお父ちゃんとこに行きたかあ」

――ははは。コロッとお父ちゃんとこ行けるならよかけど。

「行けんかね。ふふふ。優しかったねえ、お父ちゃん」

川島さんはあっけらかんと語るが、戦後の苦労は並大抵ではなかったはずだ。そんな苦労を重ねてやっとつかんだ幸せ。その温かな思い出が今の彼女を支えているのだろう。だから、職員たちは彼女の話に根気よく耳を傾け、話を聞いてくれそうな人が訪ねてくると積極的に彼女の所に連れて行く。苦労したけど最後に幸せになったという話をしているうち、川島さんの顔が生き生きと輝き出す。

3時のおやつに呼ばれた川島さんがソファから立ち上がったので、台所のテーブルまでエスコートする。よちよちとやっと足が前に出る感じで、1人で歩ける状態ではない。優しかった「お父ちゃん」になったつもりでゆっくりゆっくり両手を引いていると、職員たちがはやし立てた。

「フミ子さんよかったねえ。新しい旦那さんができて」

13日後、宅老所を再訪すると、所長が予告した「洗礼」が待っていた。それは、右手の甲に川島さんのマシンガンキスを浴びることだった。

何気ないことだけれど

佐賀市長瀬町の宅老所「ながせ」に集うお年寄りたちに、101歳の男性が新しく仲間入りした。看護師だった孫娘やヘルパーの訪問介護を受けながら築102年の自宅で独り暮らしを続けてきた鈴木隆さんだ。

鈴木さんは自宅で尻餅をついて腰椎《ようつい》を圧迫骨折したことがあり、コルセットをつけて過ごしていた。ただ、少し体の調子がいいと1人で歩ける気がして動き回るため、転倒しては入院するということを繰り返していた。

その入院先の病院から「100歳を超える高齢のため水分を口から十分に摂取、吸収することも困難になっており、毎日点滴する必要がある」と言われ、受け入れ先を探してやってきたのが「ながせ」だった。「たすけあい佐賀」が営む別の宅老所「てんゆう」にいた看護師の内田茜さん(27)が今春「ながせ」に異動してきたのも、鈴木さんに点滴という医療行為を続けるのに看護師の資格を持つスタッフが必要だったためだ。

ところが鈴木さんが「ながせ」で暮らし始め、内田さんが「てんゆう」から移ってきて約1カ月がたった頃に「ながせ」を訪ねると、鈴木さんのベッドサイドで点滴を調整していた内田さんが笑いながら言うのだ。

「実は今日で点滴が外れることになったんです。だからもう私、用済みなんですよね。ふふっ」

驚く私に所長の光武晃子さん（37）が解説してくれた。

「ここは毎食、普通の家庭と同じようにスタッフが台所で食事を手作りするから、味つけが家庭と一緒なんです。鈴木さんにはそれがいいみたいで、おいしいって言ってほとんど完食されるし、水分もかなり入るようになって、顔つきもしっかりしてこられたんですね。往診に来られるたびにどんどん良くなっているから、先生も外してもいいと思われたようです」

その後、一旦外れた鈴木さんへの点滴は週に1度入浴した後に入れる形に移行し、現在に至っている。それが最も無理なく体調を維持できると判断されたためだ。その判断の大きな理由となったのは光武さんが耳にした鈴木さんの寝言だった。

「夢の中で誰かに訴えておられたとでしょうね。『お茶ば飲め、飲めって言わるっですもんね』って寝言で。水分不足にならんごとって、知らず知らずに私たちが強迫的になっとったとでしょうね。それ聞いて、ああゴメンねえって思ってですね。やっぱりまだ私たちには遠慮があったみたいでね。寝言でぼやかんとやっとれんほど追いつめとったんやねえって……。反省させられました」

それからしばらくして「ながせ」を訪ねると、ちょうど孫娘のさと子さんが面会に来ていた。6年前に鈴木さんの介護をするため看護師の仕事を辞め、自分の家から毎日のように祖父の家に通って生活を支えてきた人だ。

「私の親も兄弟もみんな遠くにいるので、助けてくれる人がほかにいないんです。私もできる限りのことはしてたんだけど、1人ではもう限界に来て、私が倒れるか、おじいちゃんが倒れるかっていう感じになって。もうダメだっていうくらいまでやったから、世の中に助けてくれる所があるんなら、もうそこに頼ろうって踏ん切りをつけてここにお願いしたんです」

病院から家ではない場所に移して環境が変わったら、調子を崩すんじゃないかとさと子さんは随分心配したらしい。ところがこちらに移ってきてから、反対に目を見張るほどよくなっていき、点滴についても柔軟に対応してもらったため、今ではすっかり安心しているという。

「とにかくご飯がおいしかって言ってます。お料理の味もいいんでしょうけど、みんなでテーブルを囲むのがまたいいみたい。家だと、私が用意して持っていっても、ヘルパーさんが作っても、1人で食べるだけだったから」

いつも手作りの料理が並ぶ食卓をみんなで囲める。寝言からさえ本音を聞き取ろうとする人がそばにいてくれる。人の生きる力を育むのは、実はそんな何気ないことなのかもしれない。

口から食べることの意味

佐賀市金立町の宅老所「大野原」で暮らす山県弓子さん（78）は、口から物を食べることができなくなり、胃ろうによる経管栄養で命をつないでいる。所長の坂本仁美さん（55）とパートで働く田原敦子さん（61）が看護師のため、医療行為である胃ろうのケアにも対応できるからだ。

とはいえ、胃ろうはあくまでも最終手段。「大野原」でも口から食べてもらうことに、とことんこだわってきた。山県さんは5年前に病院から移って来た時点ですでに胃ろうを施されていたが、受け入れからわずか1カ月で口からの食事への切り替えに成功し、10カ月前まで普通に食事できていたのだという。

坂本さんはもともと日赤病院の看護師で、看護学校での教育や市役所の保険福祉課での地域保健活動、日赤佐賀県支部での災害救護や救急法の普及などに携わってきた。「たすけあい佐賀」の西田京子代表（68）や吉村香代子副代表（61）とは、共に知的障害者の共同作業所を社会福祉法人化する運動に関わった30年来の仲間で、２００７年春に「大野原」の所長に迎えられた。その所長就任前に研修した別の宅老所「おおたから」で出会ったのが、山県さんだった。

「当時はまだお元気で、家から通っておられましたが、すごいおばあちゃんがいるなあというのが第一印象でした。脳梗塞《こうそく》を起こして10年以上たっておられて認知症も進んでいたので、もどかしさからか、攻撃的な言動を繰り返しておられて。まさかその人がうちに来るなんて思ってもいませんでしたけど」

山県さんはその後、「たすけあい佐賀」とは別の施設のショートステイを利用し始め、そこで食事が取れなくなって脱水症状を起こした。「このままでは命に関わる」と説得された家族は、入院させて胃ろうを施してもらったが、今度は退院後の受け入れ先が見つからず、結局、坂本さんが引き受けた。２００８年9月のことである。

1年半ぶりに再会した山県さんの口の中を見て、坂本さんは驚く。歯槽のう漏がひどく、舌も粘膜もすさまじく荒れていたからだ。

「歯が少し残っていてかまれることもあったので、口腔《こうくう》ケアがおろそかになってたんでしょうね。それで訪問歯科を入れて歯槽のう漏を治療してもらい、口の中のマッサージも含

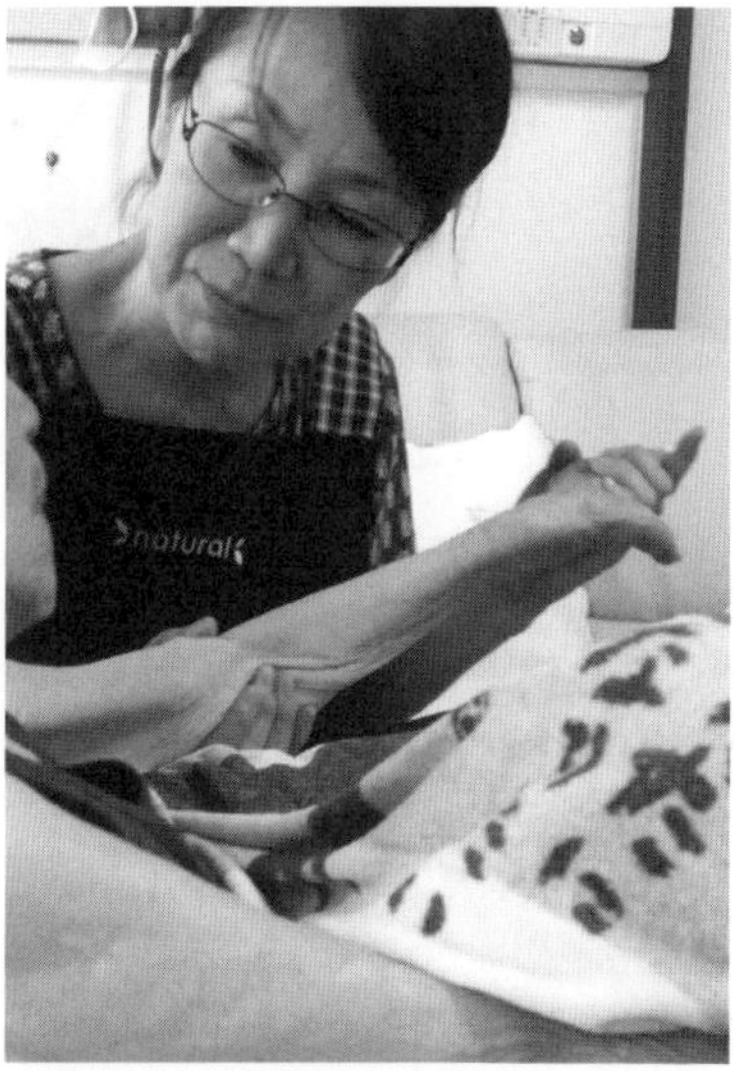

山県さんの体をさすりながら声をかける「大野原」所長の坂本さん

めて口腔ケアを徹底したんです。どんなにかまれても根気強く」

　同時に山県さんを寝かせきりにせず、朝は必ず起こして着替えや洗顔をさせ、みんなと一緒にデイルームで過ごしてもらうようにした。そして定期的にきちんと入浴してもらうようにし、夜は寝間着に着替えて寝てもらうようにした。最初の頃は悪態をつかれたり、暴れて抵抗されたりしたが、生活のリズムができてくると次第に落ち着いていった。

「私たちがしたことといえばそれぐらいです。でも見る見る生気を取り戻されて。自分の好きな食べ物はワナワナと手を震わせながら取ろうとされるようになり、1カ月後の10月にはもう自力で口から食べられるようになっていました。まさかまた食べられるようになるなんてって、ご家族も驚いておられました」

　それから4年以上、山県さんは口で食べることができた。ただ少しずつ体の機能が低下していき、やがて誤って気道に食べ物を飲み込んで肺炎を頻繁に起こすようになった。最終的に2012年12月の半ば、「これ以上は無理」とドクターストップがかかり、口からの栄養摂取を断念して胃ろうによる経管栄養に戻ったのだという。

口から食べられなくなるのと同時期に山県さんの体の拘縮が急に進んだ。そして言葉も出なくなった。

坂本さんは無念そうに言う。

「食べることがとても好きな方だったのでほんとに申し訳なくて。食べることは栄養を取るためだけじゃなくて、生きる意欲に直結しているから……」

坂本さんたちは午後になると毎日、山県さんをリクライニング機能のある車椅子に乗せて他のお年寄りたちが過ごすデイルームに連れだす。そして手足をマッサージしながら語りかける。それが少しでも彼女の生きる意欲につながってほしい、と。

生活の音やにおいがして

宅老所「大野原」の所長、坂本仁美さんは、胃ろうによる経管栄養の状態で受け入れた山県弓子さんがわずか1カ月で口から食べられるようになるのを目の当たりにして2年後、長く入院生活を送っていた当時93歳の義父、正男さんを思いきって「大野原」に引き取った。

正男さんは78歳の時に脳梗塞《こうそく》で倒れて入院した。急性期を脱した後も別の病院への転院を勧められ、以来ずっと転院先の病院や同じ敷地内にある老人保健施設、その後併設された療養型病棟で過ごしていた。坂本さんは3人の子どもを育てながら働いており、家には病弱で入退院を繰り返す義母もいたため、1人で支えていく自信がなかったからだ。

「でも、だんだん義父が変わっていくのが分かるんですね。表情がなくなって言葉も出なくなり、目がとろーんとうつろになってどこを見てるのか分からないようになって。拘縮も進んでほとんどベッドで寝たきりになり、床ずれもあちこち作ってました。何とか食べることはできていたけど、ちょこちょこ誤えん性の肺炎を起こしたりして、もう胃ろうかなって言われてもいたし。だからこのままでいいのかなあって、ずっと葛藤があったんです。自分は看護師なのに、なんでみてあげられないのかって」

「大野原」の所長になった時、坂本さんは職員たちに「ここにだったら自分の親兄弟や身内を安心して預けられる、お願いできるって所にしよう」と語りかけた。ただ、寝たきりの正男さんを連れて来たいとは、職員の負担増を考えてなかなか切り出せないでいた。

しかし、療養型病棟の2人部屋で色のない天井と壁を眺めるだけの生活を送り、元気をなくしていく義父と、「大野原」のお年寄りたちを比べるうち、このままでは絶対に後悔すると心を決めた。

「病院の先生からは随分反対されました。何でこの状態で出すんだ、リスクが大きすぎるって。でも、そんなに長くは生きられないのなら、できるだけ家庭的な雰囲気の中で、一人の人間として充実した時を送らせてやりたいからって、半ば強引に連れて来たんです。ほかの職員たちには申し訳なかったけど」

翌日から、朝は起こして着替えと洗顔をきちんと行い、ご飯は3食とも台所のテーブルでほかの利用者と一緒に食べてもらう生活が始まった。

変化はすぐ現れた。

「見る見るうちに表情が変わってきて、目に光が宿ってきたんです。生きている人の目になったんですよ。それに単語ですけど言葉が出るようになって、意思表示もしっかりできるようになったんです。食べたくない時は『食べーん』とか『いらーん』とか言って、手も動くし。はがいい時には枕を投げつけるぐらいに。それまではそんなこと全くなかったのに」

坂本さんは当時撮った正男さんの顔写真を今も携帯電話に入れている。

「山県さんの時と同じで、特別なことは何もしてないんです。普通に家で生活するのと同じことをしただけです。会話できるわけでもないから『お早うございまーす』とか『今日は天気いいですよお』とか声をかけ続けるだけでね。でも周りからいろんな声がして、お料理の音がして、においがして、大きな笑い声がして。時にはけんかの声が聞こえたり……、ふふっ。そんな生活の音やにおいや雰囲気の中に浸って刺激をもらったんでしょうね。改めて思いました。環境の力ってすごいなあって」

正男さんは「大野原」に移って1カ月後、夕食を終えてくつろいでいる時、急性心不全で突然亡くなった。苦悶《くもん》の表情はなく、にっこり笑ったような顔をして。

「私が死期を早めたのかもって考えたりもしたけど、その顔を見ているうち、連れてきて良かったなあって思うようになりました。きっと義父が時期を選んでくれたんでしょうね。ずっと自分を責めていた私に、短い間だけど親孝行のまね事をさせてくれて、心を少し軽くしてから逝ってくれたのかなあって。自分勝手な解釈で、笑われるかもしれませんけど」

家に帰る前夜のさよなら

宅老所「大野原」の所長、坂本仁美さんが、病院から「大野原」に移して1カ月後に亡くなった義父、正男さんの死を「本人が時期を選んでくれた」と感じたのには、もう一つ理由があった。その半月ほど前にも、同じように時を選んで亡くなったとしか思えないような「みとり」を経験したばかりだったからだ。

その人は山本ノブさんという97歳の女性で、2005年6月の開所当初から「大野原」で過ごしていた。家族も頻繁に面会に顔を出すなど協力的だったため、職員ともとてもいい関係ができており、徹底した話し合いに基づいてみとりに取り組んでいた人だった。

「その年の春ごろから老衰による心身の衰えが目につくようになってきたので、ご家族に少しずつ説明しながら、いつ何が起きるか分からないからって話をし始めていたんです。突然言うと戸惑われるので、本当にすこーしずつですね」

その積み重ねの上で、ひょっとしたら年内かなという状態になってきた11月の終わりごろ、主治医を往診に来てくれる医師に切り替えてもらい、新しい主治医とケアマネジャーを交えて、家族とシビアに話し合っている。どんなふうに最後の時間を過ごさせてあげたいのか、そのためにそれぞれが何をすればいいのかを。

病院に入院させて延命を図るのではなく、今のまま暮らし慣れた宅老所で自然に見送りたい。それが家族の希望だった。

意向に沿うべく、デイルームにソファベッドを広げ、昼間だけでなく24時間そこで過ごしてもらうようにした。昼間は職員や他のお年寄りたちがにぎやかに過ごし、夜も夜勤者が待機しているデイルームの方が目が届きやすいからだ。

そうやってみとりの態勢に入ると、間もなく山本さんは口から食事をとることができなくなった。

「延命措置を希望されていないから、とても胃ろうなんてできません。でも、何も食べられない状態のまま、何もしないでみとっていくというのはご家族にとってとてもつらいことなんですよ。だから毎日、私ともう1人の看護師で点滴をしました。もちろん主治医の指示を仰いだ上でですけど」

1日1本の点滴で辛うじて命をつなぐ山本さん。すぐ横では他のお年寄りと職員たちがそれまでと何も変わらない日々を送った。12月はクリスマス会など行事の多い月だが、それも普段と変わることなく粛々と行った。横になったまま山本さんにも参加してもらうつもりで、時々職員が声をかけたりしながら。

実際、楽しげな歌声や笑い声につられて、何ごとかと山本さんが頭を起こし、さらに座が盛り上がるということが何度もあったという。

結局、山本さんはみとりの態勢に入って1カ月後に亡くなったが、その日はとても偶然とは思えないような日だった。

実はその頃、山本さん本人は家に帰りたがっていた。しかし自宅に戻せば、息子夫婦の肩に負担がのしかかる。近くに娘たちもいて協力的だったが、やはり家でみとるのは難しいだろうと、全員納得の上で宅老所でという話になっていた。

「でもいよいよとなってきた時にお嫁さんが考えられたんでしょうね。やっぱり家に連れて帰りますと言い出されて。それならぜひそうしてあげてくださいということで、翌朝家に帰られる予定だったんですよ。その日はとてもお元気で、たまたま息子さんやいろんな方がお見えになってあいさつもされていたんです。そして『じゃあ明日ねえー』って、息子さんたちが帰られたその晩に、苦しまれることもなくスーッと自然に。だから私には、お嫁さんが決断されるのを待って、決断されたお嫁さんの負担にならないようにって時を選ばれたとしか思えなくて」

正男さんの時と同じく、坂本さんの主観的な印象にすぎないのかもしれない。けれども宅老所のお年寄りたちと付き合い始めて10カ月を経た今、あり得ない話ではないように私には思える。

充実した大変さにする鍵

午後3時、宅老所「大野原」で、一口大に切って器に盛られたスイカを食べようと92歳の畠中ナミさんが格闘していた。震える手でフォークを持ち、懸命に食べようとするが、なかなか口まで届かない。

自分の口に入れるのをあきらめて膝に抱いた犬のぬいぐるみに食べさせようとしたりしな

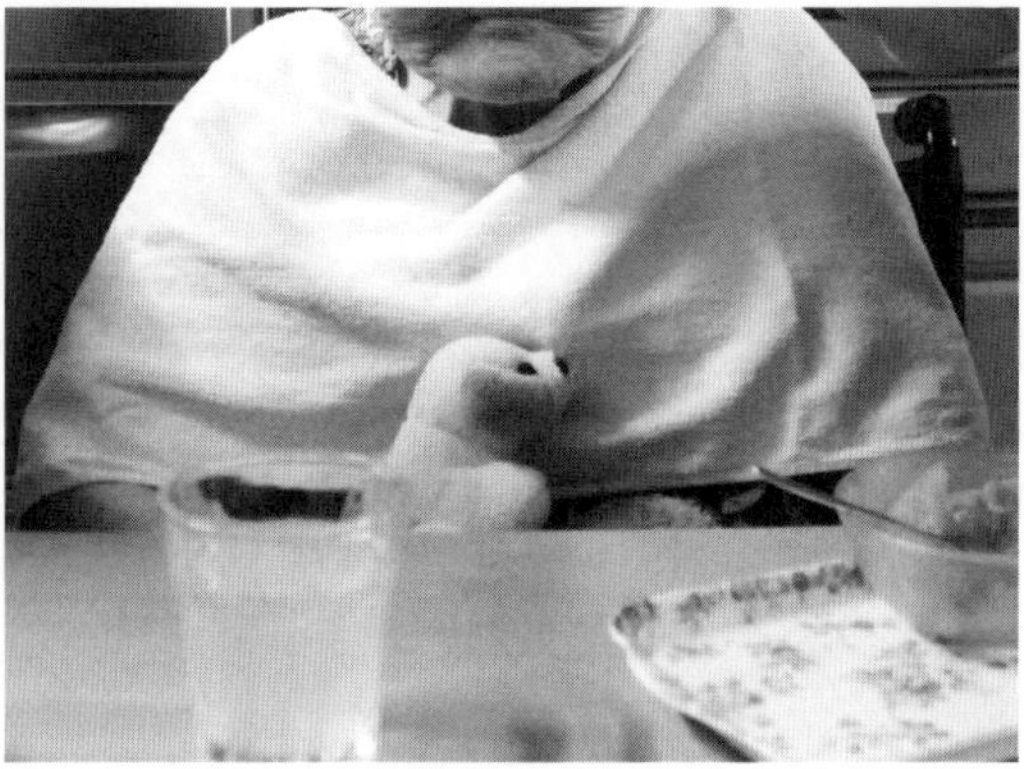

犬のぬいぐるみを抱いた畠中さん

がら、何度目かの挑戦でようやくスイカが口に入ると、そばで見ていた職員たちから一斉に拍手が起こった。

「ナミさん、今日は調子いいですねえ。どうしたんですか」

細くていつもつぶっているように見える目をほんの少しだけ開けて私の方を見ながら、畠中さんが言った。

「今日は好みの人のおんさっけん」

その答えにずっこけていると、職員が口々にちゃかしだした。

「朝から別人みたいだったけど、そうだったんだあ」

「声の上ずっとんさっけん何やろかて思ったら。へえーっ」

「いつもは厳しくて怒りんさるのに、機嫌いいけんおかしかて思ったもーん」

「ナミさん、ほっぺの赤くなっとるよお」

畠中さんは交通事故の後遺症で体が不自由なため、長らく車椅子生活を送っている。認知症もかなり進んでおり、「大野原」が開所した2005年6月、「たすけあい佐賀」が営む別の宅老所「鹿の子」から移ってきた。現役時代は栄養士をしていたため、料理や食べ物にめっぽううるさく、その辛口の批評に職員たちはいつもたじたじなのだ。

確かに見るからに頑固そうで、怒られたら震え上がりそうだが、時折細い目をちょっとだけ開けて周りを見回す仕草は何ともいえずチャーミングだ。ぬいぐるみの犬を大事そうに膝に抱え、一生懸命食べ物を食べさせようとしている姿もほのぼのとしてかわいらしい。そう言うと所長の坂本仁美さんがわが意を得たりという感じで続けた。

「そうなんですよ。かわいらしいんです、ほんっと。ナミさんだけじゃなくて、皆さんほんっとにかわいらしいんですよ」

「大野原」には、畠中さんだけでなく、ほとんど寝たきりで胃ろうによる経管栄養で命をつないでいる山県弓子さん（78）もいる。病気で声を失い、身ぶり手ぶりで意思を伝えざるをえなくなった92歳の竹山小夜子さんも。最近視力をほとんど失った91歳の永村トキさんも通ってくる。89歳の保利ナツさんはお茶や水を飲む時にしょっちゅうむせる。一筋縄の介護では済みそうもない人ばかりだ。

「でも、竹山さんはとてもおちゃめで、身ぶり手ぶりで冗談ばかり飛ばして笑わせんさるし、保利さんはお茶だとむせるのに、なぜか好物のコーラだとむせずに飲みんさるもんね」と職員の吉谷美樹さん（28）。

実際、風呂上がりにコップについだコーラを渡された保利さんはゴクゴクとおいしそうに飲み干し、「カーッ」と気持ち良さそうに息を吐いていた。見ているこちらまで気持ち良くなる光景だった。

坂本さんは言う。

「大変なのは大変ですよ。楽なことは一つもないんです。きれいな仕事ではないし、介護の現場は医療現場よりも下に見られがちで、社会的な地位もなかなか上がりませんからね。でも、その大変さを充実した大変さにすることはできると思うんです。それは、日々の営みの中で、楽しいこと、心弾むことにいかに気づけるかにかかっているんじゃないですか」

確かにこの宅老所では職員たちが楽しいことはないかと常にアンテナを張っているように見える。そしてアンテナに引っ掛かったことは必ず口に出して表現し、同僚やお年寄りたちと楽しさを共有しようとする。それが仕事のモチベーションを高め、ひいては介護の質を高める一助になっているとは、言われるまで気づかなかった。

「結局、生身の人間を相手にする仕事ですからね。生身の人間はどんな状態であっても感情を持っているんです。だからこそ関わる私たちの気持ち次第で良くなったりも悪くなったりもされるんです。私たちが楽しめなかったら、お年寄りを喜ばすことなんてできませんよ」

長生きして良かったその訳

佐賀市天祐の宅老所「てんゆう」では、お祝いの準備が進んでいた。ここで暮らす池田昭次さんの86歳の誕生日。昼食にちらしずしなどの祝い膳が並び、午後からは手作りのケーキを焼いて3時のおやつの時間にみんなで食べるのだ。

「てんゆう」では、お年寄りが誕生日を迎えるたび、その人の好物を取り入れた特別メニューが用意される。その日は、ちらしずしのほかにヒジキのたっぷり入ったコロッケにエビフライなどが並び、池田さんの席にはケチャップで「おたんじょう日おめでとう」と書いた特大オムレツも置かれていた。

「今日は池田さんの八十ウン歳のお誕生日です。おめでとうございますの気持ちを込めてちらしずしを作りました。どうぞ召し上がってください」

職員の志田れい子さん（63）が声をかけると、お年寄りたちが「おめでとうございまーす」と声を合わせる。

池田さんの誕生日に用意された特大のオムレツとちらしずし

「ありがとう、ありがとう。いただきます。ほんとにありがとう。あーっ、ほんに私は幸せもんだあ」

感激した池田さんが目を潤ませながらしきりに頭を下げる。そして隣に座った私にも「よお来てくんさったねえ。よお来てくんさった」と右手を差し出し、握手してくれる。

池田さんは、私が福岡からわざわざお祝いに駆けつけたと思いこんでいるようだ。たまたま誕生日に行き当たっただけの私は、池田さんの感激を台無しにするわけにもいかず、「おめでとうございます。おいしそうですねえ」と無難な言葉でその場をごまかした。

「おいしーい。やっぱり、すしはおいしーい。おいしーい」

ちらしずしを食べながら、池田さんは何度もそう言って喜びを爆発させた。こんなに喜んでもらえたら、きっと職員も作りがいがあるだろう。池田さんはうれしい気持ちを素直に表現することで人を気持ちよくさせる名人なのだ。

池田さんは佐賀県嬉野市の出身で、16歳だった旧制中学4年の時に「お国のために命をささげたい」と予科練に志願し、昭和19（１９４４）年に四国の松山海軍航空隊に入隊して訓練中に終戦を迎えた。だから、よくこう言って笑う。

「私はいっぺん死んだようなもんなんです。ところが終戦で生き残ってしまってね。このごろ嬉野の同窓会に行くと、もうたくさん先に死んでしまっているんですよ。自分が一番先に死ぬはずだったのに。ははははは」

戦後は国立病院の臨床検査技師として働き、定年後も大学で教壇に立つなどしていたが、やがて脳梗塞《こうそく》で左半身不随に。息子は東京の出版社で福祉関係の雑誌の編集長をし、娘は他県に嫁いでいる。妻の千津子さん（79）も膝が悪いため家で介護するのは難しい。そのためリハビリ病院から退院を迫られた6年前に「たすけあい佐賀」が営む宅老所「大野原」に身を寄せ、2年後に「てんゆう」に移ってきた。

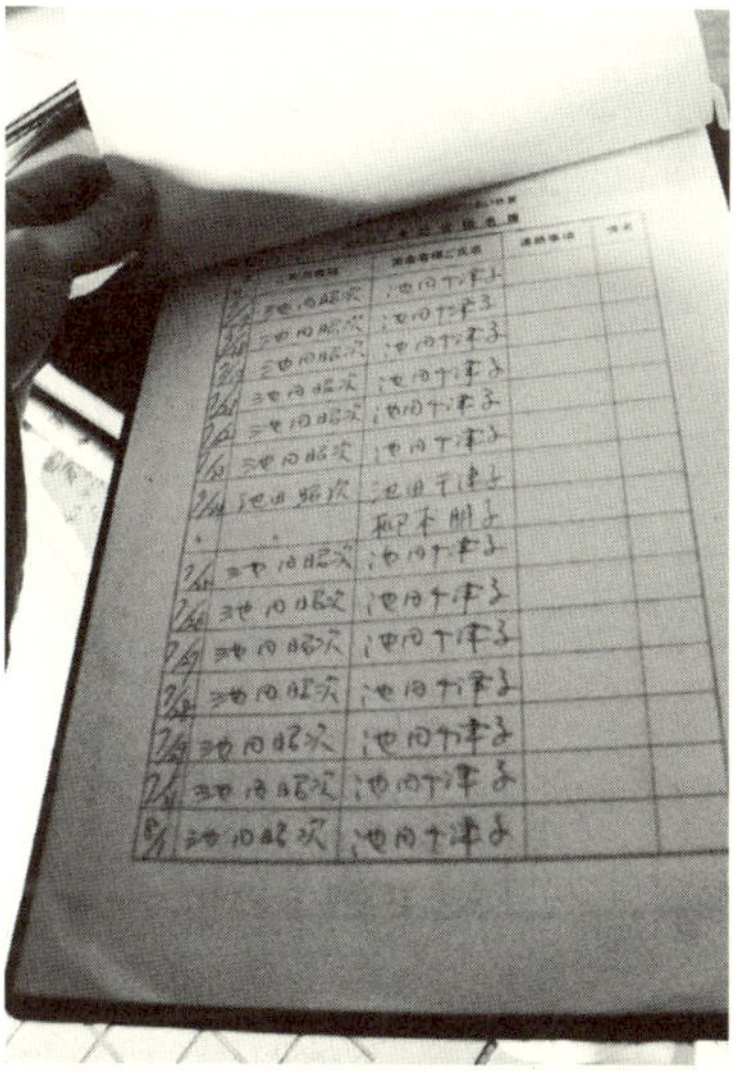

池田千津子さんが私の出勤簿という訪問者記録

「清水所長（右）は生き神様」と言う池田昭次さん（左）

千津子さんは「この人が寂しがるから」と、膝をかばいながら家から片道1時間以上かけてバスを乗り継ぎ、毎日面会に通う。「私の出勤簿」と彼女が笑って差し出した面会簿を見ると、土日祝日も途切れることなく千津子さんの名前が記されていた。「大野原」から「てんゆう」に移ったのも、すぐ前にバス停があって通いやすいためだ。きっと千津子さんも池田さんが喜ぶ顔見たさに面会に来ないではいられないのだろう。

「家で介護しろって言われても、膝の痛かけん、抱えきらんもん。幸いここは付きっきりでお世話してもらえるし、皆さん優しいですもんね。特に所長さんがよかもん」

千津子さんの言葉にうなずきながら池田さんが続ける。

「うん。気配りが素晴らしいもんね」

当の所長、清水雄治さん（36）に水を向けるとこんな話をしてくれた。

「池田さんが『長生きしとって良かったあ』って言われたことがあるんですよ。何でですかって尋ねたら、『あんたに会えたから』って。もう泣きそうになったですよ」

その時、池田さんがすかさずだめ押しの一言を放った。

「清水所長さんは生き神さんです」

美しい秋の風景の中で

彼岸の入りの9月20日、佐賀市金立町の宅老所「大野原」の職員とお年寄りたちは、佐賀県小城市江里山の棚田に彼岸花見物に出かけることになっていた。同行を願い出た私が正午過ぎに宅老所に着くと、ちょうど昼食の真っ最中で、この後トイレや口腔《こうくう》ケアなどを済ませ、リフトカーと軽乗用車に分乗して目的地に向かうと言う。

「で、どなたを連れて行かれるんですか」

私の問いに所長の坂本仁美さん（55）が、何でそんなことを聞くのかといった調子で答えた。

「もちろん利用者全員ですよ」

「ということは山県さんも連れて行くんですか」

驚いて聞き直す私に、坂本さんが平然と言った。

「もちろん。ここは空っぽにしますから。うちはこういう行事の時はいつも全員参加なんです」

その日の利用者6人のうち、4人が車椅子を使用しており、介助なしに単独で歩ける人は1人もいなかった。なかでも胃ろうで命をつないでいる山県弓子さん（78）は、脳梗塞《こうそく》の後遺症で体が前屈した状態で固まり、自力で寝返りすら打てない。それゆえ、ほかの人はともかく山県さんは誰か職員とともに宅老所に残るものと思っていた。リクライニング機能を持つ車椅子に移乗してデイルームで毎日過ごしているとはいえ、遠出させるのは不可能と、私が勝手に決めつけていたのだ。

ちなみにその日午後の勤務は5人。その5人で最重度の山県さんを筆頭に、目が不自由な永村トキさん（91）、病気で声を失った竹山小夜子さん（92）ら、手厚い介護の必要な6人のお年寄りの世話をすることになる。

山県さんは車椅子に座ると手足が宙に浮くため、そこここにクッションを当てて動かないようにする必要がある。車に乗り込むまでが一苦労で、出発したのはもう2時半近かった。

半時間ほどのドライブで目的地に着くと、棚田のあぜに咲く彼岸花はまさに盛り。「大野原」一行のほかに佐賀県各地から高齢者施設の車が何台も観賞に来ていた。ただほとんどのお年寄りが自力で歩ける人たちで、「大野原」のように重度の人たちを連れてきている所は見当たらない。

日陰になった道の脇に車椅子と長椅子を並べ、ようやく全員が車から降り終えたと思ったら、竹山さんが尿意を訴え、仮設トイレのある場所まで職員2人が引率して坂を下ることに。目の見えない永村さんも興奮気味に叫び声を上げるなど、しばらくあたふたとした時間が流れた。それでも、赤く縁取られた黄金色の棚田をみんなで眺めながら風を頬に受けているうち、いつものゆったりとした時間が戻ってくる。

「大野原」の彼岸花ドライブ。少しでも花の近くにと手を引いて

トイレ引率の職員が買ってきたアイスクリームをお年寄りたちが食べるのを介助しながら、「去年はほとんど花が終わってたよねえ」「あの場所から見下ろすとすごいきれいなんよね。何年前だっけ、あそこまで行ったの」と職員たちが語りかける。毎年恒例の彼岸花観賞でも、覚えているお年寄りはおらず、かみ合う答えは返ってこない。

でも、なぜかみんな晴れ晴れとした顔をしている。さっきまで叫び声を上げていた永村さんの表情も、すっかり和らいでいる。景色は見えなくとも、谷川の瀬音や風にそよぐ稲のざわめきが心を和ませるのだろう。

40分ほどたった頃、山県さんがキョロキョロと目を動かしだした。普段うつろに宙を見つめているだけの山県さんの目に光が宿り、自分の意思で目を動かしているのがはっきりと分かる。

「あっ、目が動いてる。ほら」

「ほんとだ。ちゃんと見よんさあ。わあーっ」

職員たちが口々に歓声を上げる。

一言も言葉を発することができず、体も全く動かせない。口からものを食べられなくなって、胃ろうで命をつないでいる。そんな状態の人が同道した小旅行先で目をキョロキョロ動かしたことを喜び合う人たち——。

美しい秋の棚田の風景の中でしみじみと思う。人間って本当にいいもんだな、と。

豊かな終わりを支えたい

宅老所「大野原」で働く山中さえ子さん（63）と重松愛子さん（34）は、「たすけあい佐賀」が営む別の宅老所「柳町」で長く働いた後、「大野原」に異動してきた。その前に勤めていた職場を辞めて「柳町」の門をたたいたのも同じで、年は離れていても高齢者介護に寄せる思いには驚くほど共通する部分がある。

山中さんは45歳まで保育園で保母をしていたが、両親が年をとって病気がちになったのを機に退職して実家に戻った。そして父親を家でみとり、母親を見送って、再び働こうと考えた時、保育の仕事に戻るのではなく、介護の道を選んでいる。

「若い時から親は自分がみると決めていたんです。それで実際に世話しながら、子どももみがいがあるけど、人生の最後に何かいい思い出を作って送ってあげる仕事がしたいなあって思うようになって。保育園の小ちゃい子どもの方が希望があっていいよって言う人もいたけど、私はそういう考えだからって」

ヘルパー2級の資格を取得後、山中さんはある病院の看護助手として働き出した。ところが思い描いていた介護とはかけ離れた現実が待っていた。

「50床以上ある大半がお年寄りで、一日中走り回っていました。食事介助も機械的でね。口が開かない方がいらっしゃって、食べてほしいから話しかけながら介助してたんですよ。『お口開けてねえ』って。そしたら『1人に時間かけとったら後が大変でしょ』って怒られるんです。『帰るのが遅くなるじゃない』って。そんな言い方かわいそうってことも平気で患者さんに言ってたし、よく聞かされたのが『自分の親ならたたいてやろうごたる』って言葉。わあ嫌だなあと思って」

結局、山中さんは3カ月で病院を辞めて「柳町」に見学に行った。所長の満岡緑さん(57)も看護助手として勤めた病院を2カ月で辞めた人だから話は早かった。

「その日のうちに明日から来てって言われて。働き出したら、とっても家庭的なケアができるでしょ。きちんと人間対人間のお付き合いができるし。ほっとしました」

重松さんも高校時代、保育と介護のどちらに進むか悩んだ末、介護福祉士の資格が取れる短大に進んでいる。

「子どもも好きだけど、ずっと祖父と一緒に暮らしていたからお年寄りが好きだったし、かわいいって思えるんです。だったら、そのお世話ができて、ありがとうって言ってもらえる仕事ができたらって。きれいごとかもしれないけど」

ただ卒業後に就職した特別養護老人ホームでは、その思いは満たされなかった。

お年寄りたちに新聞を読みあげる「大野原」の吉谷さん

「同期で入った子が働きよるし、私が要領を得んかったのもあるし。今は施設も頑張っとるけん……」と本人の口は重いが、常に走り回り、オムツ交換、入浴介助、シーツや毛布交換……と作業に追いまくられて過ぎていく日々に疑問を抱くようになったようだ。

「そばに寄りそって話をしたりするイメージを描いていたけど、ショートステイも含めて100床以上もあったら、1人だけにかかっておられんけんですね。機械的になるんですよ、流れ作業に。介護の人員がもっといればいいけど、法定数以上はなかなか……」

2年5カ月後、自分の思いを告げて退職した重松さんは、当のホームの職員から「それなら宅老所は」と助言され、見学に行ったのが「柳町」だった。

「畳の上にソファを置いて、天井は吹き抜けで、ゆっくり時間が流れていて。いいなあって思いましたね。ここならイメージに近づけるかなあって」

「大野原」のもう1人の介護職員、吉谷美樹さん（28）も祖父母を自分の手で介護したいと、この仕事に就いた。ところが祖父母が家族の手をとることなく亡くなったため、２人にしてあげたかったことをさせてもらう気持ちでお年寄りたちに接しているという。

３人の話を聞きながら気づいたのは、介護が必要になってからのお年寄りたちの日々を、人生を豊かに締めくくるための大切な時間と彼女たちが捉えていることだった。そして深く納得した。だからこの介護があるのだと。

地域の目と手に支えられ

「たすけあい佐賀」の宅老所「柳町」の記録には、認知症のお年寄りが抜け出した際、ご近所の畳店や薬局、青果店の人たちが気づいて知らせてくれたため事なきをえたという記述が度々出てくる。

薬局は宅老所と道を挟んだ正面。その道を右に行った突き当たりに昔ながらの青果店。左に行けば大通りに向かう角に佐賀市内で一、二の古さを誇る畳店の作業場がある。だから日中に宅老所からお年寄りが飛び出しても、大抵どこかの目に留まり、行方が分からなくなる前に知らせてくれるのだ。所長の満岡緑さんがしみじみと語る。

「何度助けてもろたろか。おばあちゃんの出て行ったよって電話のあっけん、サッと追いかけらるってでしょ。うちが玄関に施錠せんでやってこれたとも、そのおかげです。地域の皆さんがいい人ばっかりだけん、ほんとありがたいです」

夫婦で青果店を営む村岡秀明さん（65）が笑いながら言う。

「今は足の弱って出てきなれんけど、昔は逃亡者の多かったもん。ははは。ここに座って店番しとると、よお見ゆっけんね。大体逃げ出すもんは決まっとるけん、見かけたらすぐ電話かけると。地べたにぺたっと座り込んで、おばあさんの頑として動きなれん時もあったよ。ははは。オレたちも気づかんでおらんごとなりんさった時は、バイクで捜して回ったりもしたよ。人手の足りんろうが」

お年寄りと歩く「柳町」の職員に声をかける村岡秀明さん、加代子さん夫妻

妻の加代子さん（63）が補足する。

「ほんに見晴らしいいし、見るなって言われても見えますもんね。私たちもいずれああなると思うと、そんくらいのお手伝いはせんとね。今は商売もそれほど忙しくないし」

「昔ながらの付き合いです」と語る松尾孝時さん、美由紀さん夫妻

そんな地域の理解と協力への感謝の気持ちを、「柳町」は折に触れて伝えてきた。畳店の作業場で畳表を張る手を休めて、松尾孝時さん（65）、美由紀さん（60）夫妻がこんな話をしてくれた。

孝時さん　この間も「うちでフルートの演奏会があるけん聴きにこんね」って所長さん自ら声かけてくれてね。松尾さん、食べんですかっていろいろ持ってもこられるし。

美由紀さん　そう。お彼岸だからって職員さんがおはぎを作って持って来てくださったりね。お世話になってますって感じで。ほんと昔ながらのお付き合いです。宅老所のお年寄りの方々も地域の人たちですからね。自分の親みたいなもんで。だから歩いておられたら声もかけますよ。

孝時さん　仕草がかわいいんですよね。年とったら子どもに帰るって言うけど、ほんとだね。僕たちも両親送りましたけど、ここのお年寄りを見てたら思うんですよ。親孝行できとったんかなあって。僕は孝行する時って名前なんだけど。

美由紀さん　おばあちゃんがお散歩してる時に「おはようございます」って声かけると、職員さんが「おはようございますは？」とか言われて、おばあちゃんが「おはようございます」って。そんなのがあると、私たちもうれしいですよね。

孝時さん　気持ちいいですよ。最近はいろんな施設からこの辺にもデイサービスのお迎えに来られますけど、道の真ん中に車を止めて、当たり前みたいな。自分たちが中心みたいな感じだもんね。

美由紀さん　私たちが待ってても「すみません」の一言もないもんね。

孝時さん　ここはそういう感じがないんです。営利目的じゃなくて、本当にお年寄りを大切にされてるのが分かるけんね。だから干してあった布団が風で倒れたりしてたら、僕らが行って起こしたり。そんな付き合いをさせてもらってます。

２０００年に介護保険が導入された時、これによって介護を社会化するといわれた。その後、雨後の筍《たけのこ》のように介護施設ができ、家族頼りだった介護のあり方は一変した。その功績は大きい。ただ、そこで進んだのは実のところ介護の社会化というよりも、むしろ利潤追求を動機とする介護の市場化ではなかったか。その果てに保険財政の窮迫に直面して途方に暮れている現実――。

確かにお金で割り切ることも必要だろう。ただ、それ一辺倒になることでこぼれ落ちたものを思う。

ぬくもりを感じながら

1年4カ月ぶりの湯あみ

その朝、宅老所「柳町」を訪ねると、職員たちの顔がいつもより明るく、宅老所全体がうきうきと弾んだ空気に包まれていた。98歳の村岡フサコさんを1年4カ月ぶりに入浴させるからだ。

前年の4月、肺炎で入院中に脳梗塞《こうそく》を起こして常時点滴が必要になった村岡さんは、1年以上ベッドで寝たきりの生活を送っていた。この5月からは体調のいい時を見計らってリクライニング機能を持つ車椅子に移乗し、デイルームでほかのお年寄りたちと一緒に過ごせるようになったが、さらに一歩進んで、ついに入浴できるところまでこぎ着けたのだ。

胸の静脈に作った点滴の接合部がぬれないようガーゼと防水テープでカバーし、村岡さんを車椅子に移乗させて浴室に向かう。職員たちが顔をのぞき込んでは

職員たちに手を振られ、村岡さんは１年4カ月ぶりに浴室へ

「いってらっしゃーい」と笑顔で手を振って見送る。

脱衣所で服を脱がせた村岡さんを介護用シャワーチェアに移し、浴室へ。所長の満岡緑さん（57）と在宅医療に力を入れる地元の内科医、八坂達臣さんの医院から応援にきた看護師の森美智子さん（44）がシャワーでお湯をかけながら、せっけんを泡立てた手のひらで村岡さんの体をこすっていく。

「お年寄りは皮脂分が少ないから、タオルとかでこするとカサカサになってしまうんです。特に村岡さんは肌の乾燥がひどいから、ちょっとこすっただけで表皮が剥離してしまうんですね。それにタオルとかを使うと表皮の細かな感触が伝わらないでしょ。手のひらでこすれば、ぬるぬるしてたり、ざらざらしてたり、できものがあればその飛び出し具合や状態なんかも分かるけんですね。目では分からない肌の状態を手のひらで感じながら洗うんです」

つまり手のひらは肌の状態を読み取るセンサーでもあるのだ。そして手のひらで相手の肌を直接こすることで濃厚なスキンシップにもなり、「元気で気持ちよく過ごしてほしい」という思いもダイレクトに伝わるのだろう。村岡さんの緊張して縮こまった体から力が抜け、緩んでいくのが分かる。そして何とも言えない柔らかな表情に変わっていく。

満岡さんと森さんがうれしそうに言葉を交わす。

「気持ちいいんやねえ」
「ほんと、赤ちゃんと一緒よねえ」
思えば20年以上前、私も娘たちをもく浴させる時、赤ん坊は肌がデリケートだからとタオルでこすったりせずに手で洗い、湯につからせている時に娘の体から力が抜けて表情が緩むと、気持ちいいんだなあと幸せな気持ちになった。
他者に全てを委ね、心地よさを言葉ではなく全身で表すことでその人に喜びを与える。そんな存在に、98年の歳月を経て村岡さんは再びなったのだ。
洗髪後に体を拭いて服を着せ、ドライヤーで髪を乾かしながら満岡さんが声をかける。
満岡 村岡さん、よかったね。お風呂入ったよ。
村岡 そうですか。
満岡 気持ちよかったろ。
村岡 はい。
続いて満岡さんが村岡さんの生まれ故郷の地名を持ち出し、その町の銭湯だったと、いつもの方便を繰り出した。でもこの日の村岡さんはさえていて、引っ掛からない。
村岡 ウソばっかり言うて。ふふふふ。
満岡 町長さんの造ってくんさったんよ。ここに。

村岡　ウソばっかり。ふふふふふ。

ウソと気づいてもそこに悪意がないのも分かるのだろう。村岡さんは機嫌よく笑って受け止めている。

さっぱりした顔になった村岡さんは、ベッドに移るとすやすやと寝息を立て始めた。その寝顔を見ながら森さんが言った。

「看護学校時代に先生から『お風呂に入れなくても死なないからと思うかもしれないけど、感染予防とか考えると、そんなことないのよ』って言われたんですよ。でも感染予防とかの実利面だけじゃなくて、本人の気持ちよさとか、さわやかさとか、日常生活の質を高める意味でも、お風呂って大切ですよね。だって、あんなに優しい顔になってありますもん」

この瞬間を気持ちよく

宅老所「柳町」の歌姫こと小島杉子さん（95）は、足腰が丈夫で人の助けを借りずにスタスタと歩く。目や耳も達者で受け答えもしっかりしており、食器を拭き上げたり、スーパーのレジ袋や乾いた洗濯物を畳んだりして、よく職員から感謝されている。ほかのお年寄りの声やふるまいに「打ったたいてやろうごたる」と腹を立てることもあるが、三度の飯より歌が好きで、唱歌や懐メロを歌ってさえいれば機嫌がいい。だから、この人はほとんど問題を抱えていないのだと思っていた。2月初めに「今日は8月」と彼女が言うのを聞くまでは。

えっと思って話しこむと、会話は成立しても、内容はつじつまの合わないことが多い。

「私はね、おじいさんが何でもしてくれるけんね。家では何もせんでよかっよ。おじいさんが家に来とるからね。お前は歌っとけばいいんやけんっておじいさんが言うけんね」

懐メロを歌う時も手を握って。「柳町」で

おじいさんとは、どうやら小島さんの母方の祖父のことのようで、生きていれば150歳くらいになるはずだ。彼女はそのおじいさんが今も健在で、一緒に暮らしていると思いこんでいた。この時、小島さん自身はまだ結婚する前の娘時代に戻っていたのだ。

かと思えばテレビのマラソン中継を見ながら、「うちの重治が走っとるやろ」と真顔で言いだしたこともある。重治とは彼女の長男の名前で、もう老境にある彼が内外のトップランナーが競う大会に出ているはずはないのだが、彼女は息子が走っていると言い続けた。その時、小島さんは完全に40代の母になっていた。

「柳町」の職員らによると、小島さんの息子や孫たちは運動が得意だったらしく、スポーツ中継があるたびに「うちの重治が……」「うちの孫が……」という言葉が飛び出すという。高校野球を見ながら「孫は背番号何番やったかねえ」と言ったそばから「重治が出とるやろ」と言い出したことも。そんな時には、彼女は40代と60代を行ったり来たりしていることになる。

小島さんは重い認知症で、数分前のことすら忘れてしまう。ただ昔の記憶は鮮明に残っており、場面に応じてよみがえってきては、その時代にタイムスリップするのだ。

水が高い場所から低い所へと流れるように時間は後戻りすることなく未来へ向かって流れていく。時々の記憶がその流れに沿って脳に刻まれていくから、次に起こることもある程度予測でき、私たちは不安を覚えることなく今日を生き、明日を迎えることができる。たった今したことを忘れ、レコードの針が飛ぶように過去を行ったり来たりするということは、その安心感を支える土台がないことを意味する。

それゆえ小島さんの話を否定したり、矛盾を突いたりすれば、混乱と不安の海に突き落とすことになる。だから職員たちはつじつまが合わないのを承知でひたすら相づちを打ち、話を合わせていく。過去でも未来でもなく、今この瞬間を小島さんが気持ちよく過ごせるように。

ここに通い始めた7年前、小島さんはすでに時々トイレを失敗する状態だった。それでもオムツやトレーニングパンツではなく、ずっと布パンツで過ごしてもらい、職員がトイレに誘ってきた。

レジ袋を几帳面に畳む小島さん

私と話している時、「便所に行こか」と小島さんが立ち上がり、なかなか帰ってこなかったことがある。職員の井手育子さん（57）に様子を見に行ってもらうと、服やトイレの床が便で汚れていたらしく、バタバタと後片付けが始まった。

しばらくして戻ってきた小島さんは元気がなかった。すると、片付けを済ませた井手さんがレジ袋を5、6枚持って現れ、「これお願いしますね」と彼女に手渡した。

「うん。畳むとやろ」

そう言うと、小島さんはきちょうめんに袋を畳みだした。トイレを失敗した気まずさを引きずった彼女が自尊心を取り戻せるよう、井手さんは仕事を頼むことで「頼りにしてますよ」というメッセージを送ったのだ。

レジ袋を畳み始めると小島さんの表情がスーッと和らぎ、やがていつもの笑顔が浮かんだ。

ほとばしる母心に触れて

宅老所「柳町」で暮らす中島章子さん（87）は、怒るとキンキン声でまくし立てる。イライラしだすと腰掛けた左足が前後左右に激しく動き始めるため、そうなると宅老所内に緊張が走る。

特に危ないのがトイレや入浴時に服を脱がせようとする時。介助者の髪を引っ張ったり、体をひっかいたりして、3人がかりの介助が必要になることも。なのにトイレや入浴が終わって服を着せる時は大抵スムーズに協力してくれ、「ありがとう」「ごめんね。バカみたいに大声だして」などとねぎらいの言葉が返ってきたりする。

多分章子さんは自分一人ではもうできないことが分かっているのだろう。けれども、その事実をなかなか心が受け入れられず、つい大立ち回りを演じてしまうのだ。長女の文代さん

中島さんの左足が小刻みに前後左右に動き出すと「柳町」に緊張が走る

（61）は言う。

「もともとプライドが高かったけん、自尊心が傷つくんでしょうね。ヒステリックにワーッと、私たちが聞いててショックを受けるようなことを亡くなった父にも言ってたし。認知症が進んで、それが余計出るようになったんだと思います」

章子さんは職場で知り合った夫と結婚し、最初に産んだ長男を1歳で亡くしたため、2番目の文代さんを出産する前後に退職した。その後、華道の師範となり、長く自宅で教えていたらしく、「柳町」を通所で利用し始めてしばらくは、お花を教えに通っているると家族に語っていたという。通い始めて4年目の2005年4月23日の記録にもこうある。

《午前中生け花をされ、職員から褒められ、うれしそうな様子》

ところが、その2週間後の5月7日にはこう記される。

《自宅からアイリス、あやめ、花瓶を持参される。生け花をお願いすると、「添え木」

「ひも」などと道具を要求されて意欲満々。しかし、道具をうまく使いこなせず、イライラし、周囲の人に当たり散らす。声かけただけで怒られる。生け花が気になり、1時間かけて何度も何度もやり直している》

この日を境に記録には、「お花」の文字がぱったりと登場しなくなる。代わって頻出するようになるのが、前に勤めていた職場の名前だ。

認知症の進行で花を生けることができなくなった章子さんは、自分を支えるため、さらに若い頃の記憶を動員して、自分は職場に働きに行っていると思い込むようになったのだろう。そうなると、ソファに寝転んで居眠りしたりしているほかのお年寄りたちが、仕事をサボっているように見えて許せなくなる。だから、それ以後は「仕事中なのに居眠りして」と怒り散らす章子さんの様子が繰り返し記されている。

さらに読み進めていくと、思わずホロリとする記述に出くわした。章子さんが混乱状態に陥った時、他のお年寄りや職員をわが子と思い込み、彼女の子どもたちを思う気持ちがほとばしり出た場面が書き留められていたからだ。

《職員を文代さんと思い込まれている。手を握り、1対1対応するが「文代に危なかことばさせんごと言うて。娘に綱渡りさすっぎん、あんたば殺してやっ」などと興奮され多弁に。言葉が止まらない》（12年10月15日）

《日中子どもの心配激しい。歩行不安定なので正座で移動される。15時過ぎ、前に座っていた峯さんを息子さんと思い込み、盛んに声かけ。峯さんを連れて行こうとすると「ちょっと〜」と大声で叫び、「キヨシは大病ば2回したけん〜」と心配の声を上げられる。心配から興奮につながり、身動きとれないため「ギャーッ」と絶叫される》（同18日）

《来訪者を文代さんと思い込み「お金はあるね〜」と尋ねられ、涙目に》（11月14日）

「たすけあい佐賀」の宅老所では、ご機嫌斜めのお年寄りにかまれたり、ひっかかれたり、髪の毛を引っ張られたりしながらも、笑って受け流し、感情的になることなく対応している職員たちの姿を時々目にする。

仕事とはいえ、なんでそんなに寛容でいられるのか不思議だったが、理由が少し分かった気がする。

相手を深く理解すれば、人はその人に対して優しくなれるのだ、きっと。

不安定になったお年寄りの背中をとんとんしておちつける

究極の決断、下せた理由

重い認知症の中島章子さんは宅老所「柳町」を利用するようになってもう12年になる。自宅から通っていた頃は頻繁に家を飛び出し、夫からのSOSの電話を受けて職員が捜索に加わることも多かったが、少しずつ身体機能も低下していき、もう外に飛び出すことはない。4年前には夫も亡くなり、佐賀市内でそれぞれ家庭を持つ3人の子どもたちの支援を受けながら「柳町」で暮らしている。

その中島さんが一年前の2013年3月12日、インフルエンザで呼吸困難に陥り、「柳町」から救急車で病院に搬送される危機に見舞われた。救急車に同乗して病院まで付き添った所長の満岡緑さんは言う。

「熱のあったけん、ベッドで休んでもらっとったら、ゴーゴーものすごか呼吸音のしだしたとですよ。気づくのがもうちょっと遅れとったら危なかったかもしれません」

連絡を受けて搬送先の病院に駆けつけた家族は、気管を切開して人工呼吸器を着けるのか、酸素吸入をしながら投薬だけで本人の生命力に任せるのかの選択を医師から迫られた。長女の文代さんが振り返る。

「気管切開して人工呼吸器を着けたら食事も全部チューブからになりますが、どうしましょうかという話でした。あんまり苦しそうだから楽にしてあげたくて、その瞬間は切開してもらった方がいいかなと思ったんです。でもそうなると完全に寝たきりでチューブにつながれた状態になるし……。迷っていると、先生から『5分、10分で決めろとは言いませんが』と言われて。ということは15分か20分でってことかなと思ったけど……」

決断をためらう家族を見て、満岡さんがおもむろに声を掛けた。

「かかりつけ医の八坂（達臣）先生の意見を聞いてみたらどうでしょうかね」

中島さんが呼吸困難に陥ってからずっと付き添って様子を見ていた満岡さんは、酸素吸入が始まった後、章子さんの表情が和らぎ、少しずつ目に光が戻ってきているのを見逃していなかった。また、人工呼吸器を着けた場合、章子さんがどんな経過をたどるのか、これまでの経験から想像できた。だから着けない方がいいのではないかと思っていた。ただ、選択するのはあくまでも家族であり、自分の考えを押しつけるわけにはいかない。

満岡さんが電話すると、八坂医師も「あくまでも個人的な意見」と断りながら、本人の生命力に任せた方がいいのではないかという考えを伝えた。その言葉に背中を押され、文代さんと2人の弟は気管切開しないという決断を下した。家族の結論を聞いた病院の医師は「今晩亡くなられるかもしれませんよ」と念を押した。しかし家族の気持ちは揺るがなかった。

病院の医師の説明を聞いてから結論を出すまでに結局50分かかっていた。

「ずっと様子を見ていた満岡さんが言われる通り、母の目がだんだんしっかりしてきているのが分かったんです。それで弟が声をかけ続けていたら、『うーん』とうなずくようにまでなったからですね。私たちが最終的に決断を下すことができたのは、満岡さんや八坂先生の後押しがあったからです。あの状態で家族だけだったら、本人の生命力に任せますなんて言えなかったと思います」

中島さんは翌日には口から食べられるようになり、3日目に酸素吸入の管も外れた。6日目にリハビリが始まり、19日後には退院して「柳町」に戻った。そして一年後の現在も三食ほぼ完食し、体調が良い時には両手を引いて介助してあげれば、何とか歩いて移動している。もちろん時々甲高い声で怒りだしては職員をてこずらせるのも一年前と同じだ。

文代さんはしみじみと言う。

「あの時はもうダメかなと思ったので、今の状況が夢みたいです。人工呼吸器にしないでほんとに良かった。元気になって再びお願いする時は、職員の方たちにまた大変な思いをさせるねえって申し訳ない気持ちだったけど、『何ば言いよっですか、戻ってきてください』って……。いざという時に経験豊かな人たちがそばにいて支えてくれるから、本当に心強いです」

やさしいウソが導く笑顔

宅老所「柳町」に通う重い認知症の小島杉子さん（95）は一時期、「今日は同窓会のあるけん、行かんば」と言って、宅老所から帰ろうとする行動を繰り返したことがあった。

その度に職員たちは「今日の同窓会は中止になりましたよ」と声をかけ、小島さんも「そうね。中止になったとね」と一旦は納得する。けれども「中止になった」と言われたこと自体をすぐに忘れてしまうため、30分もすると再び「同窓会に行かんば」とそわそわしだすのだった。

あまりに頻繁に同じことを言われると、人間誰しもイライラする。認知症の人は記憶力こそ衰えているものの、その分感受性は研ぎ澄まされていて、相手の感情をそのまま映しだす鏡のような存在だ。職員がイライラすれば必然的に小島さんもイライラし、腹を立ててトラブルになる。

そこで職員たちは一計を巡らし、ある作戦を実行に移した。「今回の同窓会は中止としますと記した手紙を用意し、小島さんが「同窓会」と言う度に「こんな通知が来てましたよ」と、手紙を渡すようにしたのだ。

作戦は見ごと成功し、小島さんは手紙を読んでは素直に納得し、イライラすることも腹を立てることもなくなった。同じ手紙を何度渡しても、小島さんは手紙を見たことをすぐに忘れるため、効き目が弱まる心配はない。しかも言葉で説得しなくて済むから、職員が感情的になることもない。手紙という小道具をクッションに使うことで、互いの感情がこじれることがなくなったのだ。そのうち小島さんは「同窓会」と言いだすこと自体なくなった。

おじいさん子だった小島さんのやる気を引き出すため、「おじいさんから頼まれましたけん」と言って作業を依頼したり、「おじいさんの上手って言いよんさったですよ」などと褒めたりするのも職員がよく使う方便だ。集中力が切れかけたり、途中で手を休めていても、「おじいさん」の言葉を聞くと小島さんはたちまち上機嫌になり、気持ちよく作業をしてくれる。

泊まりと通いを適宜組み合わせて「柳町」を利用している上杉カズさん（88）は、認知症とうつ病を合併している。食が細く、ご飯を一粒ずつ箸でつまんで口に運ぶような食べ方をするため、食事に猛烈に時間がかかり、食事の量が多いだけで「食べきるやろか」と不安げな顔になる。

そこで「柳町」が始めたのがワンプレート作戦。一つの皿に全部の食べ物を盛りつけ、「上杉さんは一皿にして量を少なくしてますから」と声をかける。実際はほかの人と同じ量を盛りつけているのだが、一皿だけ食べればいいと思って上杉さんは安心し、完食してくれるのだ。

「柳町」で暮らす村岡フサコさん（98）に食事を再開させる時も、ある方便が駆使された。

入院先の病院で起こした脳梗塞《こうそく》の後遺症で村岡さんは、薬以外のものを口から全くとらなくなって半年近くたっていた。そのためすっかり味覚が衰えてしまい、何を口に入れても「苦い」と顔をしかめて嫌がっていた。

そのままでは本来楽しいはずの食事が苦痛になってしまう。そこで職員たちは、村岡さんの好物である「おすし」と偽って、ミキサーした食事を食べてもらうようにしたのだ。

すると村岡さんの口の開きがよくなり、時には「おいしかった」という声が漏れた。食べることに少し慣れると、職員たちはさらに意欲を引き出すため、今度は村岡さんの生まれ故郷の町から届いたものと言って食べてもらうようにした。効果はてきめんで、故郷の町の名は村岡さんをその気にさせる魔法の言葉として、その後あらゆる場面で使われるようになった。

認知症が進んだ人に説得や説明をしても、いたずらに混乱させるだけで逆効果になりかねない。それゆえ高齢者介護の現場では、日々職員たちが懸命に頭を巡らせる。相手を傷つけることなく、少しでも元気に気持ちよく過ごしてもらうにはどうすればいいか、と。そうやってひねり出されるやさしいウソに導かれ、お年寄りたちに笑顔の花が咲く。

「死んだがまし」の真意は

お年寄りの介助で最も神経を使うのはお風呂とトイレだ。容赦なく衰えを突きつけられる瞬間であり、そんなことも1人でできなくなって助けを借りねばならない自分が情けなくて、つい感情的な反応をしてしまいがちだからだ。そういう時にお年寄りが決まって吐く言葉がある。それが「死んだがまし」だ。

宅老所「柳町」で暮らす要介護5の山下スエさん（93）は、体が前屈したまま固まってしまい、自力ではもう手足を動かすことができない。言葉もほとんど出なくなって、時折「アーッ、アーッ」という声を上げるぐらいだ。そのため今は職員の介助に抵抗することもないが、2002年6月に「柳町」を利用し始めてから4年近く、入浴やトイレのたびに激しく抵抗し、「死んだがまし」という言葉を職員に浴びせていた。

《入浴中に浴槽から「死んだがまし」と連呼して出て来られない。声をかけてもダメなので、姿を消して様子を見るといつの間にか出てこられている》（04年4月9日）

《トイレに誘導するが下着を下げようとすると腹を立てられ、「もう、そがんせんばなら、死んだがまし、死んだがまし」と興奮》（5月11日）

「柳町」の記録には、トイレの介助に激しく抵抗されたり、入浴介助を嫌がって浴槽の中に籠城《ろうじょう》したスエさんにバシャバシャお湯を掛けられてびしょぬれになったとの記述が、その後も度々登場する。

介護福祉士の永渕芙美子さん（35）が笑いながら言う。

「お風呂の中からお湯をどんどん掛けられるけん、お風呂の蓋《ふた》を盾にして、体に掛けられないようにしながら近づいていってましたね。はははは。結構激しい攻防があってたけど、今ではもう懐かしい思い出です」

06年1月3日にはこうも記されている。

《お正月、自宅お風呂での入浴でも奇声やかみつこうとされたらしく、大変だったとのこと。ここでの入浴の大変さも分かられたようで気の毒がられる》

スエさんが「柳町」で暮らすようになるまで、ずっと自宅で同居していた長女の澄子さん（65）は言う。

「最初は毎日デイサービスに通ってて、それから少しずつお泊まりも入れるようになったんですけど、母は1回もここに来るのを嫌がったことがないんです。仕事に行くついでに私が車で送ってきて『行くよお』って言うと、いつもスーッと車から降りてきてました。だから本当はここが気に入っていたんだと思いますよ」

スエさんはアルツハイマー型の認知症で、75歳の時に夫を亡くしたのがきっかけで急に物忘れが進んだ。ただ外に飛び出して歩き回ることも、物が無くなったと騒ぎたてることもなく、食べ物を盗み食いすることもなかった。だから最初の6年間は澄子さんが働いている日中は自宅で留守番ができていた。「柳町」を利用するようになってからも、一気にレベルダウンすることはなく、緩やかな坂道を下るようにゆっくりと心身の機能が低下していき、今に至る。

入浴や排せつ介助に激しく抵抗し「死んだがまし」と叫んでいた頃も、トイレで用を足した後、スエさんの機嫌は大抵良くなった。3人がかりの介助で入浴してもらった後に「ありがとう」の言葉が返ってきたりもしている。だから当時もスエさんが本気で「死にたい」と思っていたわけでないのは確かだ。

そして、排せつや入浴だけでなく、生きるためのすべてを人の手に頼らざるを得なくなった今も、スエさんは間違いなく「死にたい」とは思っていない。

なぜなら、いつも両目をつぶっているように見えるスエさんが、食事やおやつの時間に介助者が食べ物を口の所に持っていくと、薄目で確認しては、気持ちいいほどパッと口を開き、パクパクと完食してくれるからだ。

「よく分かってますよお。お茶だけ先に持っていくと、口をつぐんで顔を横に向けますからね。ところが、お菓子を持っていくと、ほらっ。パッと開けて。ふふふっ」

母親とこうしてコミュニケーションできるのがうれしくてならない様子で澄子さんは笑った。

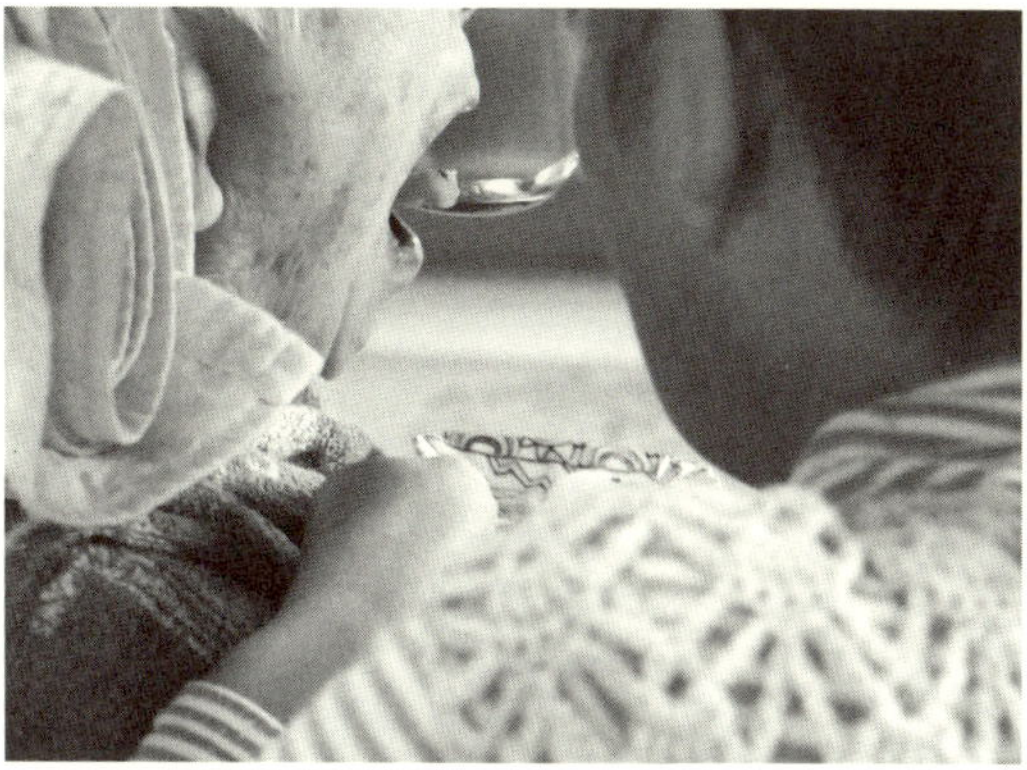
澄子さんがスプーンを近づけるとスエさんはパッと口をあける

さするしかできなくても

宅老所「柳町」で暮らす要介護5の山下スエさんの元には、毎日午後3時前、長女の澄子さんが近くの自宅から面会に通ってくる。

「6年前に仕事を退職してから週に3回ほどのペースで来るようになったんですけど、3年前の4月に母が高熱を出して危険な状態に陥ったんです。それからはどうも気になって、できるだけ毎日来ようと。それに母はもう自分で食事もできないから、おやつの時ぐらいは

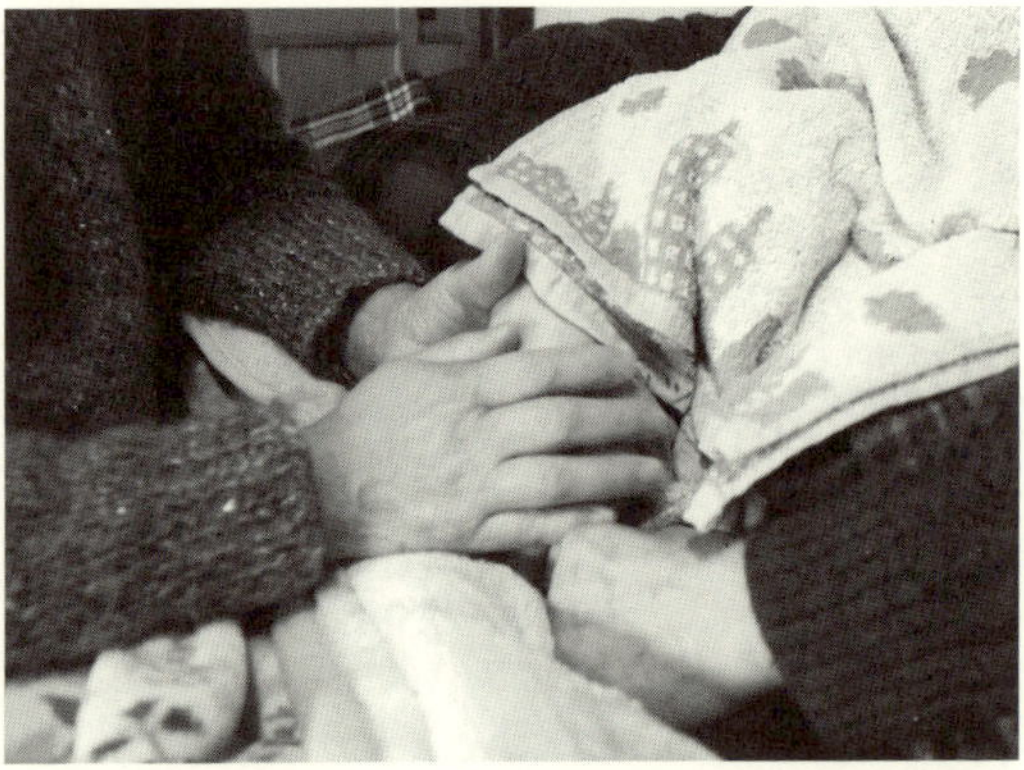

おやつを食べさせた後、「ほかにできることがないから」と母親の体をひたすらさすり続ける長女の澄子さん

私が介助してあげたくて。だからいつも3時前に来るんです。これが私と母の唯一のふれあいだから」

おやつの介助を終えると、澄子さんは近況を語りかけながらいつもスエさんの動かなくなった手足を自分の両手で小一時間さすり続ける。

普段は「アーッ、アーッ」という叫び声を発したりするスエさんだが、澄子さんに手足をさすってもらっている間は叫び声が出ることはほとんどない。出ても「ふあ〜〜〜っ」と柔らかく間延びした小さな声で、それに続いて「ふにゃむにゃ」と言葉のようなものを発することもある。きっと気持ちいいのだろう。いつも閉じている両目のうち左側だけをちょっと開けて、澄子さんの姿を確認しているように見える時もしばしばある。

「時々何か話してますけど、何言ってるのかよく分からないんですよ。でも私のことは分かっているのかなあって。だから普通に話しかけるようにしてるんです。それに何から何まで宅老所の皆さんにやっていただいてますからね。私にできるのはこうやって母の体をさすってやることぐらいだから」

スエさんが「柳町」を利用するようになった当初からずっと、澄子さんは1、2カ月に1度、スエさんを行きつけの美容室に連れて行って髪を整えてもらってきた。手足が全く動かなくなった今でもそれは続いている。

「ご夫婦でやっておられる小さな美容室ですけど、いつも気持ち良く迎えてもらってます。車に乗って向かっている間、今、どこを走っているよおって話しかけるんですよ。川沿いだよとか、玉屋デパートの前だよとか。そうするとだまーっておとなしく座ってます。ああ分かってるんだなあって。表現はできないけど、分かってるんだなあって思うんですよね。うんともすんとも言いません。だからカットしてもらった後は、ぐるーっと遠回りして帰ってくるんです。母にとっては貴重な外出の機会だから」

老いとは、それまでできていたことが少しずつできなくなっていく喪失のプロセスだ。トイレや入浴が1人でできなくなり、スタスタ歩けていたのが押し車や杖《つえ》が必要になる。やがて人に手を引いてもらってやっと歩ける程度になり、ついには全く歩けなくなる。そのうち食事にも介助が要るようになるし、認知症が進めばだんだん話すこともできなくなってい き、しまいには意味のある言葉を一言も発せなくなる。

そんな老いの坂道を長い時間をかけてゆっくりゆっくり下ってきて、今のスエさんはある。

トイレや入浴に介助が必要になった頃、スエさんが「死んだがまし」と叫んでいたように、世間の価値観はそんな状態になってまで生きていても仕方ないと、老いのプロセスを受容することを拒みたがる。けれども今の山下さん母娘の姿を見、娘さんの話を聞いて思うのは、1人では何もできなくなり生きることのすべてを人手に頼るようになってなお、スエさんの人としての尊厳は決して失われていないということだ。

その尊厳は、澄子さんや宅老所の職員たちがスエさんを受容し、彼女自身も今の自分を受け入れられたことでもたらされているように私には見える。

「柳町」に面会に来ると、澄子さんはいつもスエさん以外のお年寄りたちにも親しげに声をかける。

「皆さん長いですからねえ。もう家族みたいな気持ちになってて。何度も危なかったことがあるけど、そのたびに健康を回復されてきたのを見てきましたからね。母もそうだけど、皆さん一日でも長くって思いますもんね。管につながれてではなく、できるだけ自然に」

それは「作り話」なのか

「私が三十何歳ぐらいの時だったかなあ。イチロー選手と同じ下宿にいたのよ。彼が有名ってのを知らなくてさ。あんまり口もきかなかったし、ただ一緒のとこで暮らしてたってだけなんだけど」

野球の話題が出ると必ず飛び出すこの話のように、「たすけあい佐賀」が営む宅老所の一つで暮らす古本ヨシ子さん（84）は時折、事実でない話をする。イチローの話のように荒唐無《む》稽《けい》なものだけでなく、聞いただけでは事実か否か判別できないものもある。

「この裏に2階建ての空き家があってさ。誰もいないから山下さんと年中ここを抜け出してそこの2階に上ってね。向こうの田んぼの景色を眺めて、どうのこうのってしゃべってたのよ。2人共まだしゃんとしとった頃にね。楽しかったねえ」

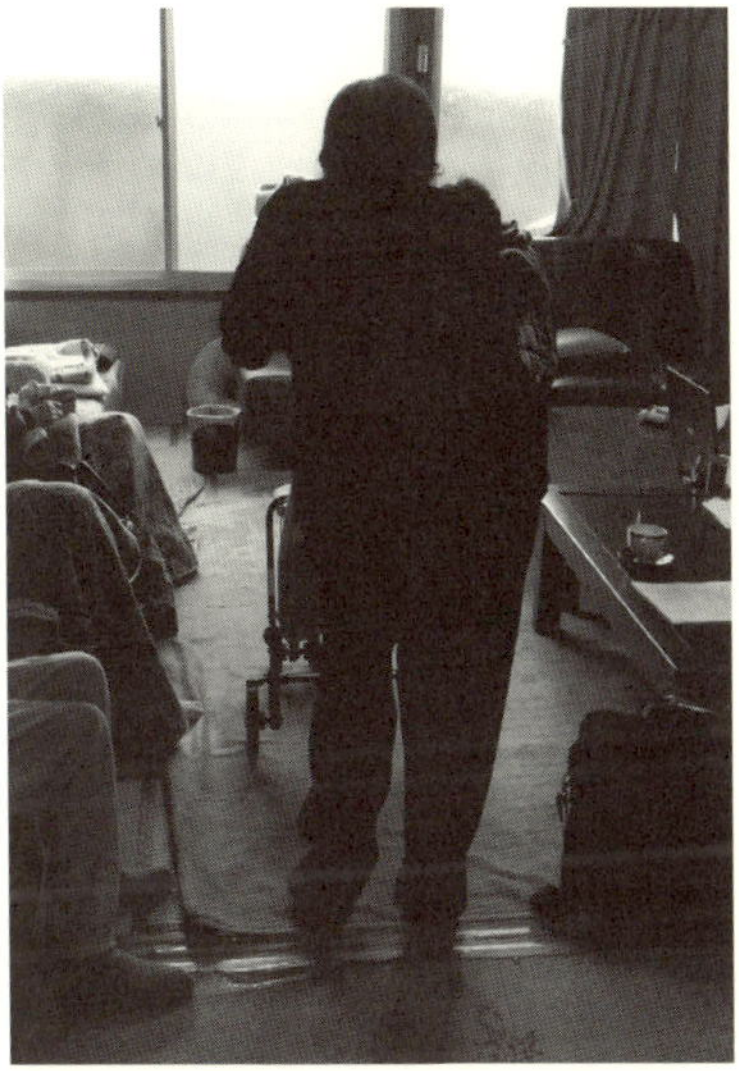

手押し車で歩く古本ヨシ子さん

職員に聞くと、そんな家は昔も今もないと言うし、そもそも周辺に田んぼなんてない。けれども古本さんはことあるごとに、この話を目を細めながら聞かせてくれるのだ。

彼女が繰り返し話してくれるストーリーがもう一つある。2011年4月に亡くなった境富江さんとの思い出話だ。「何でか私のことが好きって言うの。私がご飯食べてたら、手招きしてね。行くと、自分をあそこのソファに連れて行けって言うの。だからソファの隣に座って半日は一緒にテレビを見てね。それが私じゃなきゃダメっていうのよ。ふふふっ。行くとしょっちゅう私の手を握ってね。で、亡くなる日にもね、私に手を差し出しんさったと。でね、手を握ったら、握手のようにこう手を振ってね。それでパタッと……。息引きとりんさった」

古本さんと境さんは実際に仲が良かったらしく、むしろ古本さんの方から積極的に境さんの世話を焼こうとしていたようだ。ともに大相撲の高見盛のファンで、よく一緒にテレビ観戦していたという。ただ、みとりの日、境さんは実の息子や娘たちに手を握られて旅立っており、古本さんはベッドサイドにはいなかった。その日の古本さんの様子はこう記録されている。

《あれこれと世話を焼いていた境さんの死にショックを受けられる。休まれても「ばあちゃんの運ばれていった姿が夢に出てきて、寝たような寝てないような変な感じ」と寝付けず、トイレ回数多い》

境さんの手を握って自分がみとったという話を古本さんが初めて宅老所の職員にしたのは、その11カ月後のことである。

古本さんや職員の話では、彼女には多くの兄弟姉妹がいたが、彼女だけが幼くして叔父夫婦の家に養女に出され、その一人娘として育った。50歳を過ぎて子どものいる本州の年上の男性と結婚したものの、夫の病没後、佐賀の実家に戻ってきた。ここを利用するようになったのは、養父の没後に認知症が進んだ養母を、この宅老所が長い介護の末に8年前にみとった縁があるからだという。

古本さんが宅老所を利用し始めた頃はこんな様子だった。

《11時ごろ自宅を訪ねる。昼食準備しているから行きましょうと声かけし、宅老所に来てもらう。朝から飲まず食わずだったと言われる》（09年4月24日）

《昼食時「ここに来るとごちそうが食べられるからいい」と言われる。家では卵かけごはんばかり食べているとのこと》（5月15日）

《山崎さんの誕生会に「私は祝ってくれる人はいない」と話される。6月には古本さんの誕生会をするよと声かけすると喜ばれる》（5月29日）

《「夜中、眠っていると誰かが布団をかけてくれるから、ほっとする。あなたかなあ」と杉山さんに声かけされる》（6月7日）

家庭的な愛を求めていた古本さんが、人生の最後にたどり着いた宅老所で結んだ疑似的な家族関係。宅老所をしょっちゅう飛び出す山下さんと一緒にやんちゃしていたという物語や、好意を寄せてくれた境さんを自分がみとったという物語が、自身の人生を肯定するためにきっと彼女には必要なのだ。理由は分からないけれど、イチローと同じ下宿にいたというストーリーも。

認知症の人が語る事実無根のこうした話は「作話《さくわ》」と呼ばれる。けれどもそれは、単なる作り話では決してない。

毒舌の裏側にあるもの

「母は人から好かれる人でね。ここでもサキさん、サキさんって可愛がられて、みんなに惜しまれながら亡くなった。8年前、あそこの部屋でね。私もこんな死に方したいなあって思ったけど、できんね。ははははは、憎たれ坊主だから、私は」

「たすけあい佐賀」が営む宅老所の一つで暮らす古本ヨシ子さんは養母の森口サキさんをここでみとった時のことをそう振り返る。若い頃にイチロー選手と同じ下宿にいたとか、3年前にここでおばあさんの手を握って自分がみとったとか、時々事実に基づかない話をする彼女だが、森口さんの思い出話にフィクションが交じることはない。

「私はね、父も母も本当の親じゃないの。だからぜーんぜん性格が違っててね。母は気立てがよくて優しいし、いらんこと言わないのよ。事情を知らない人からいつも言われてた。似ても似つかんとか、親子とは思えんって。どがん似つかんねって聞くと、『おばちゃんにあんたみたいな娘がいるのはおかしかよ』って。『そうよ、親子じゃないもん』って言うと、キョトンとしてた。ははは」

職員たちの話では、古本さんが面会に来ると森口さんの機嫌が悪くなるなど、母娘関係はあまりしっくりいっていなかったようだ。宅老所の所長は言う。

「古本さんばお世話するごとなって、サキさんの敬遠しよんさった理由が分かるねえって、みんなで話したことでした。古本さんは正直な人なんですよ。自分の口に戸を立てられない人。それでみんなと衝突して、面会にきてくんさる人も1人減り2人減りしていって……。でも、口は悪かばってん、人間は上等かとです。困っとる人がいたらほっとけなかったり」

宅老所の記録にも、初めての泊まりで不安がるお年寄りに「大丈夫。何でも私に言って」と優しく声をかける古本さんの姿が何度も書き留められている。

口が悪いはずの古本さんだが、なぜか養母をけなす言葉が彼女の口から漏れることはない。彼女の子ども時代の献身的な良妻賢母ぶりなど、飛び出すのはいつも、母はこんなにいい人でみんなに好かれていたという話ばかりだ。それも「私と違って」という注釈付きで。

所長によると、森口さんは古本さんの言葉通り、嫌味なところの全くない可愛らしいおばあちゃんだったという。

「認知症で、トイレも分かんさなかったけん、いろいろケアはしてたけど、それが全然苦にならない不思議な人でしたね。ピュアで、こんな人がおるかなあと思うぐらいの、心のきれーいな人でした。だからみんな大好きになってね。ここで初めて意識的にみとった人ですけど、その瞬間、みんな思わず泣きながら名前を叫んでました。『サキさーん』って。生き返らんやろかと思って、体ば揺さぶったりして。主治医の先生の『すんな、そがんこと』って言いんさるぐらいに。ここのアイドルやったけん」

そんな非の打ち所がない母親を古本さんは心から尊敬し、羨望《せんぼう》の目で見つめていたのだろう。そして同じようにふるまえない養女の自分が母親に煙たがられているのを感じ取り、寂しさを募らせていたに違いない。彼女の毒舌はその複雑な感情の発露でもある。それが分かっているから、宅老所ではこんなきわどい会話も笑って交わされる。

古本　私もここで死ぬんだろなあ。ああ嫌だ嫌だ。

職員　古本さん、何月生まれだっけ。

古本　嫌だなあ、覚えとってよ。6月。

職員　じゃあ6月で85ね。なら、あと10年は大丈夫ですよ。

古本　10年も生きるやろか。
一同　生きる生きる。
所長　憎まれっ子……。
一同　はははは。
古本　どうせ私は嫌われ者ですよ。ふふふ。
その日の夕食時、古本さんが隣に座った私に言った。
「ここではみんな言いたいこと言うのよ。所長さんだって気さーくでしょ。こっちを立ててはくれるけど、言いたいこと言いんさるもんね。だから私も遠慮はいらんと」

必要と制度のはざまで

２０１４年2月21日、佐賀市で宅老所の未来を考えるシンポジウムが開かれた。冒頭、ＮＰＯ法人「たすけあい佐賀」理事長の西田京子さん（68）が代表を務める佐賀県宅老所連絡会による「認定宅老所」の初めての認定証授与式が行われた。宅老所と呼ぶにふさわしいと連絡会が認める事業所に認定証を交付することで、粗悪な事業所との区別を図ろうという取り組みだ。

認定書を手に並んだ宅老所の関係者たち

改修した民家に少人数のお年寄りたちが地域から通ってきて、時に泊まり、必要になれば暮らすこともできる宅老所という形態は、１９９１年に福岡市の下村恵美子さんが仲間３人と開設した「宅老所よりあい」から始まった。徹底してお年寄りの自由を尊重し、その生活に寄り添おうとする「よりあい」のケアは大きな評判を呼び、次々と各地に宅老所が生まれた。お年寄りを託す「託老所」ではなく宅老所と表記するのは、普通の家で自宅にいるようにリラックスして過ごしてもらいたいという願いが込められている。

ただ２０００年に始まった介護保険制度のもとで宅老所は転機を迎える。多くの宅老所が通所介護事業所の指定を受け、「通う、泊まる、暮らす」機能のうち「通う（デイサービス）」に関しては介護保険が適用されるようになる。一方で、自主事業として「泊まる」や「暮らす」サービスを提供することが次第に問題視されるようになり、ほとんどの都道府県では宅老所の数が減っていくことになったのだ。

そんな中で佐賀県は、宅老所が提供してきた柔軟で多様なサービスが地域の高齢者福祉に貢献しているとして、03年から開設を支援する制度をスタートさせた。グループホームの火災などで防災対策が課題として浮かび上がると、消防設備の設置や防火改修、スプリンクラー整備などに補助金を出す制度も設けた。そのため全国の流れとは反対に、その後も宅老所の数は増え続け、14年2月現在187カ所を数えるまでになっている。

ただ、数が増えるに伴って、宅老所本来の家庭的で温かい世話ができていないところも現れるようになった。連絡会に加入していない業者だったが、お年寄りへの虐待が発覚した所もある。このため連絡会が数年前から準備を進めてきたのが、自主的な認定制度だ。

「県から支援してもらっている以上、サービスの質を確保するのは私たちの務め。さまざまな業種からの参入もあるので、どういう点に気をつければいいか事業所自身に理解してもらう意味も大きいんです」と西田さんは狙いを語る。

認定までの流れはこうだ。まず事業者自身が55項目に及ぶ評価表を用いて各項目5段階で自己評価して連絡会に提出する。それをもとに他施設のケアマネジャーや地域包括支援センターの職員、地域の自治会長や民生委員、利用者の家族などによる5人の外部評価委員が訪問調査を行う。そして両方の結果を踏まえて連絡会の世話人会で審議して認定証を交付する。

特徴的なのは、利用者と調査員が一緒に会食できるよう訪問調査を昼食時間を挟んで行うようにしたこと。その場で調理した温かい食べ物が提供され、なごやかな雰囲気の中で食事できているか、調査日だけでなく普段の様子はどうなのか、お年寄りと話しながら食べることで把握できるからだ。

シンポジウム当日までに審査を終えたのは、連絡会に加入する116事業所中36事業所。うち33カ所に認定証を交付し、3カ所は不認定とした。1カ所は虐待のうわさがあり、1カ所は整理整頓が不十分で衛生環境に問題があり、もう1カ所はスペースが狭く、食事への配慮が行き届いていないと判断されたためだ。不認定となった所では、すでに改善に向けた取り組みが始まっているという。認定された事業所名は佐賀県のホームページにも掲載されている。

宅老所は介護保険制度の施行前に地域の必要に応える形で始まった。その草の根の取り組みを自治体が応援し、事業団体が自発的に質の確保に取り組む。

「必要」と「制度」の折り合いをどうつけるのか。その答えの一つがここにある気がする。

本当の家族ではないけど

佐賀市の宅老所「柳町」を隙《すき》があれば抜け出したり、食べ物を盗み食いしたりして職員をてこずらせてきた認知症の峯なほこさん（96）は2012年1月、脳梗塞《こうそく》の初期症状である右半身のマヒに見舞われた。立って歩けないのはもちろん、はって移動しようにも力が入らず、コロンコロンとひっくり返る状態になったのだ。

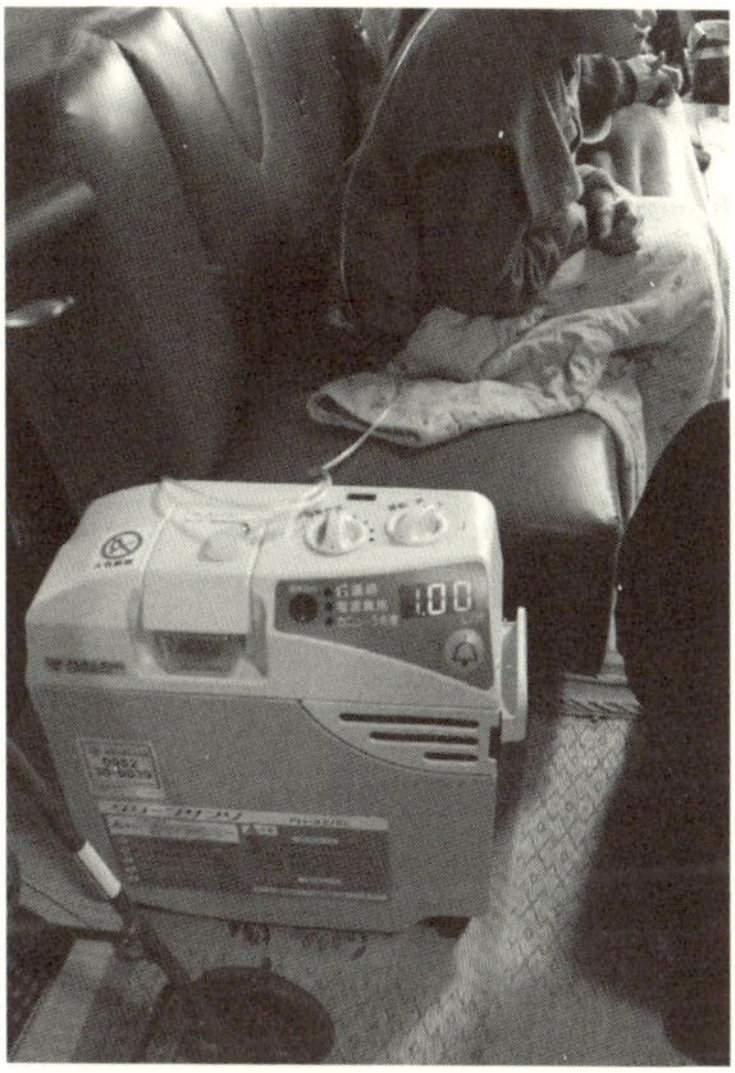

鼻に管をつけて酸素吸入する峯さん

1カ月後、峯さんは心筋梗塞と肺水腫も起こし、さらに危機的状況に陥った。しかし高齢で重い認知症があり病室に家族が付き添うこともできないとして、子どもたちの意向により入院はさせず、「柳町」で継続して世話をすることになった。症状が安定するまでは内科医の八坂達臣医師（64）が毎日往診に通って治療に当たった。

八坂医師は呼吸を少しでも楽にするよ

う、鼻にカニューラの管をつけて酸素吸入するよう指示した。ところが峯さんが管を引っ張って外すため、職員と峯さんとの酸素吸入をめぐる攻防が始まる。

《トイレ後など酸素吸入しようとするが拒否あり。カニューラを引っ張る行為あるが、付き添うとしばらくはできる。吸入すると唇の色もピンク色になり、手のチアノーゼも改善している。夜はカニューラをはめようとすると拒否され、目を閉じたままかみついたり、つねったりされる。睡眠を優先し、酸素外して寝てもらうと良眠》（2月24日）

《昼食後、唇と手にチアノーゼ見られたため酸素吸入するとチアノーゼ改善。入浴後1時間酸素吸入してもらうが、自分で外されるため声かけて対応》（25日）

《夜間酸素試みるが強く拒否され、興奮して声を上げられるため中止する。2時半〜8時半良眠。起床時、呼吸荒く、手足にチアノーゼがある》（27日）

《酸素も初めは拒否されていたが、そばに付き添って声かけ続けると着けてくれ、酸素吸入8・5時間行える》（3月1日）

そうやって職員たちは峯さんの手を縛ったり、ミトンをかぶせたりする「抑制」を一切することなく危機を乗り切った。右半身のマヒも改善し、3月12日には食事を右手で食べ、14日には介助すれば歩けるまでになっている。そして3月末の記録には、まさかの復活を遂げた峯さんが繰り広げる「困ったこと」を、まるで喜んでいるかのような記述が並ぶ。

《活気あり多動。職員がそばに付き添うと落ち着いてすごされるが、そばを離れるとすぐに動きだそうとされ、落ちつきなくなる。鼻に酸素したまま正座で移動される。脇抱えで歩行良好。息切れもない。食欲もあり、席に着くとすぐに手づかみで食べ出される。目を離すと皿に口をつけて大食いされている。入浴も快調》

《1人で歩いて事務所まで行かれている。危ないためカーペット対応するが、動き軽快で多動。目が離せない。ご飯をおにぎりにして出すと、おかずも手づかみで完食。食べた後も空腹訴えられる》

《ほとんど自力で食べられる。食後は他の人のお盆を引き寄せたり、手まぜあり》

それから1年半が過ぎた2013年秋、構ってもらいたくてしきりにちょっかいを出す峯さんの手を握りながら、職員が言っていた。

「口では困るとか、嫌だとか言いながら、ちょっと具合が悪くなったりされると、みんなものすごく心配するんですよ。本当の家族じゃないけど、家族より長い時間一緒にいますからね、ここで。本当はもう少し距離を置いて、冷静に見ないといけないんでしょうけど。それができなくて」

八坂医師も同じことを言う。

「ここの職員たちが看護師やドクターと違うのは感情的な思い入れが強いことです。愛情に近いかな。でももっと客観的に見られる力が必要。みとる時、みんな泣くんだよね。そこを訓練したらもっとうまくいくと思うけど。ならんだろうなあ」

ただ、私はそれでいいのではないかと思う。本気で心配してくれる人たちと人生の最後の時間を共にし、自分の命の火が燃え尽きた瞬間にはきっと泣いてくれると信じられる。そのことがお年寄りの心の安定に及ぼす力は、そんなに小さくないはずだから。

みんなで笑い飛ばせば

年を取ると体の動作や思考のスピードが少しずつ遅くなっていく。そしてついにそれまで自分一人でできていたことができなくなり、人の手を借りざるを得なくなる。それは効率とか進歩とか自助とか自立とか、今の社会を背骨のように貫く価値観とことごとく対立する変化だ。

私たちは知らず知らずのうちに、その価値観に沿った生き方を人にも自分にも求めてきたから、いざ自分や家族がそうなった時にうろたえることになる。事実を受け入れることができなくて、混乱し、怒り、じたばたとのたうち回る。それでも老いのプロセスは容赦なく進んでいくから、いつかはしょうがないと受容せざるを得ない。その受容の果てに、多分安らかな死も訪れるのだろう。

そんな難事業の渦中にあるお年寄りたちと一緒に過ごしながら、ホッと息をつく瞬間がある。

宅老所「柳町」に通ってくる小島杉子さん（95）は、三度の飯より歌うことが好きな人で、職員の問いかけにも歌って答えることがよくある。２０１３年4月初めの朝、デイルームに集まったお年寄りたちに「4月といえば何がありますか」と職員が問いかけた時も、小島さんは大きな声で歌い出した。

お年寄りたちがのんびり過ごす「柳町」のデイルーム

「柱～の～き～ず～は～おとど～し～の～、四～月～五日～の～せいく～ら～べ～～」
その歌詞に思わずみんな噴き出し、デイルームは笑いの渦に包まれた。小島さんは自分が歌詞を間違ったとは露ほども思わず、みんなが大笑いして喜んでいるのがうれしくて、一緒になってニコニコと笑っていた。

小島さんが娘時代にタイムスリップし、母方のおじいさんと一緒に暮らしていると言い出した時、そばにいた横松サダさん（92）が驚いた声で言った。

「えっ、あなたのおじいさん、まだ生きとんなさっと。すごかねえ」

その時も周りが笑いだし、横松さんも小島さんもつられて笑っていた。

そんな小島さんが1日に少なくとも3回は口ずさむ歌で、今や「柳町」のテーマソングのようになっているのが「牛若丸」の歌だ。

もともと京都に住んでいた峯なほこさん（96）が、ご機嫌斜めの時に「京都に帰りた～い」の叫びとともにがなっていた歌で、それがいつしか小島さんの頭に刻まれ、歌といえばいの一番に「牛若丸」の歌が飛び出すようになった。そして小島さんがこの歌を口ずさみ出すと、峯さんはもちろん他のお年寄りたちも必ず一緒に唱和し、歌が終わる頃にはみんな笑顔を浮かべている。

「柳町」で暮らす中島章子さん（87）は、自分の老いをなかなか受け入れられず、ヒステリックにキンキン怒りまくることがある。

その中島さんが職員の腕をバシバシたたいて大立ち回りを演じ始めた時、突然1人が「おはら節」を歌い出した。その声につられてほかのお年寄りたちも自然に「おはら節」を唱和し始め、その時も大合唱になった。すると、ピーンと張り詰めていた宅老所の空気が一気に

晴れ渡った青空の下で日なたぼっこしながら
みんなで歌を歌う「柳町」のお年寄りたち

和み、中島さんの興奮も潮が引くようにおさまって苦笑いを浮かべていた。

職員からドライブに誘われた中島さんが「こんな顔でもいいですか」と答え、噴き出したみんなにつられて本人まで笑い出したこともある。

考えてみれば、誰もが知っている唱歌の歌詞を間違えるのも、とっくの昔に死んだおじいさんが今も生きていると勘違いするのも、腹立ち紛れに歌をがなりたてるのも、自分の思い通りにいかなくて怒りまくるのも、ドライブの誘いにちぐはぐな返事をしてしまうのも、本当は笑えない深刻な問題だ。けれどもそばにいる誰かが噴き出したり、歌い出したりすれば、その笑い声や歌声は波紋のように広がっていき、いつしか問題を抱えた本人も笑顔に変える。人はそうやって周りの反応や感情を自分の心に投影させながら生きる動物だから。

老いを否定するのでなく、みんながこんなふうに笑って柔らかく受け止める余裕を持てれば、きっとお年寄りたちも気楽にその坂道を下っていける。そんな社会は目指せないだろうか。

人のぬくもり感じながら

２０１４年３月26日朝６時、宅老所「柳町」の名物おばあちゃん、峯なほこさんが96年の生涯を終えた。異変に気づいた夜勤者の知らせで職員たちが次々に駆けつける中、満足したように安らかな表情を浮かべて。

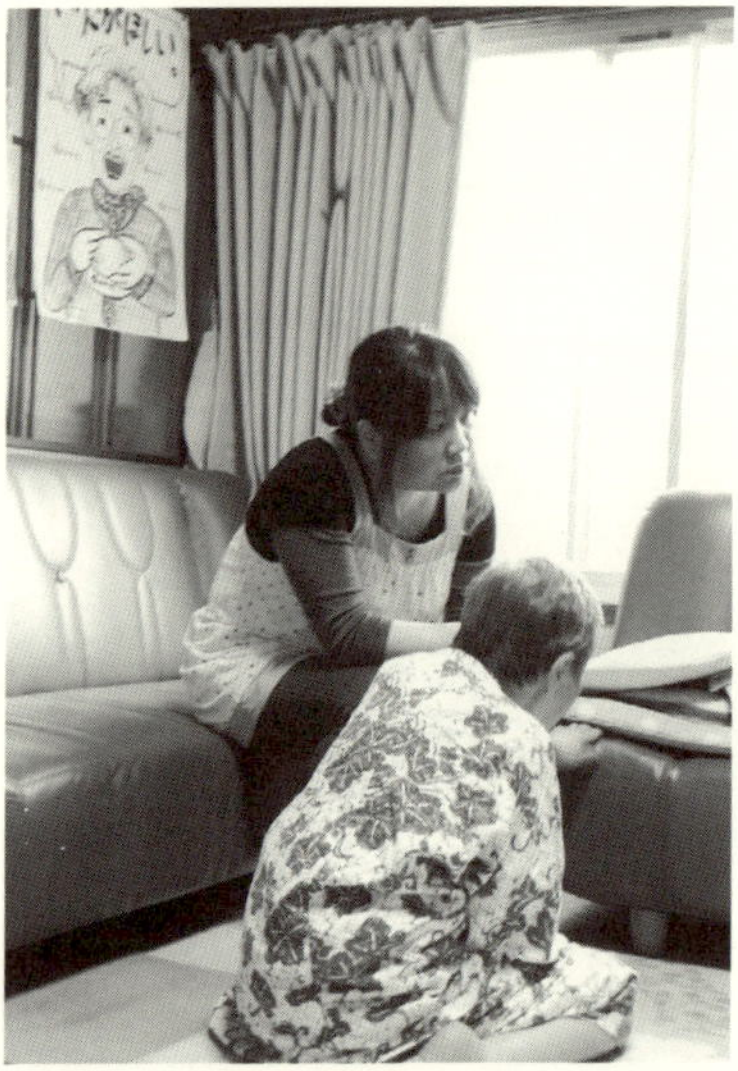

峯さんは「柳町」の職員の後をはって追いかけ、いつもそばにいたがっていた

この１年３カ月、床をはって職員の後追いをしている峯さんの姿をよく見かけた。その職員がほかのお年寄りの世話を始めると、必ず横からちょっかいを出し、構ってほしいとアピールしていた。

一人で歩けていた頃、隙《すき》があれば宅老所を抜け出して騒ぎを起こしていた峯さんも、さまざまな病気を経てほとんど歩けなくなり、２年前から外へ飛び出すことはなくなった。代わりに始まったのがはっての後追いで、職員たちは介護ノートや家族への連絡帳持参で峯さんの隣に座り、左手で彼女の手を握りながら右手で記帳したりしてその求めに応じていた。夜勤者1人だけの夜間に後追いが始まると、ほかのお年寄りを介助する時にも峯さんを車椅子に乗せて連れていくという徹底ぶりだった。

峯さんは「帰りたーい、京都に帰りたーい」「ひもじーい、何かちょうだーい」と年中叫んでいたが、半年ほど前から別の叫び声を発することが増えた。お風呂に誘われた時などに飛び出す「お連れがほしーい」コールだ。

「帰りたーい」と宅老所を飛び出すのも、「何かちょうだーい」と食べ物をほしがるのも、周りの気を引きたいからだった。後追いや「お連れがほしーい」コールは、自分の気持ちをより素直に彼女が表現できるようになった証しだった。

そんな峯さんが3月に入ると昼間も横になることが増え、やがてベッドに寝ついた。そしてあれほど食いしん坊だったのに、食べ物を飲み込むことがほとんどできなくなった。それでも時折ベッドの手すりを揺らして人恋しさを訴える彼女に、みとりの態勢に入った職員たちが入れ代わり立ち代わり顔を見せ、手を握って声をかけ続けていた。

宅老所「てんゆう」ではその1カ月前、83歳の安武貴代さんが亡くなった。便所に行っても出ないのに、夕方になると「おしっこに連れてってくださーい」と何度も訴えていた人だ。

長くうつ病を患っていた彼女は、そうすることで職員に構ってもらい、もの悲しい気分を紛らわそうとしていた。それが分かっているから、職員たちは無駄足を承知で、夕食前後の慌ただしい時間にもかかわらずトイレ往復を繰り返していた。

そんな介護の末、安武さんも２０１４年に入ってものを飲み込めない状態になり、家族や主治医と話し合った結果、最低限の点滴だけして宅老所でみとることになった。そして2月上旬の日曜日、集まって来た子ども、孫、ひ孫たちが彼女の思い出を語りあいながら見守る中、眠るように静かに旅立っていった。

老いの日々を懸命に生きる人たちと、短い時間とはいえ一緒に笑ったり、歌ったり、遊んだりしてきてはっきり分かったのは、人は命の火が燃え尽きるその瞬間まで、誰かのぬくもりを感じていたいということだ。人が最後まで尊厳を持って生きられ、そのいのちを寿《ことほ》ぐことのできる社会とは結局のところ、誰かのぬくもりを感じていたいというその願いに、最後の最後まで応え抜こうと努める社会のことではないか。

普通の民家を改修して作った「たすけあい佐賀」の宅老所は、見栄えのするきれいな建物ではないし、一人一人に個室があるわけでもない。ましてや最新の医療機器があるわけでもなく、「柳町」や「てんゆう」には浴室にリフトも設置されていない。それでもこれまで紹介してきたような実践を重ねてきた。

言葉を話すことも手足を動かすこともできなくなり、時折「アーッ」と声をあげるだけになった山下スエさん（93）に会うため、毎日午後3時前になると長女の澄子さん（65）が「柳町」にやってくる。

ほかのお年寄りと職員たちのやりとりに澄子さんが目を細めながらスエさんの手足をさすっていると、スエさんがえもいわれぬ柔らかな声を漏らす。

「ふあ〜〜〜〜っ」

それは紛れもなく、いのちを寿ぐ声である。

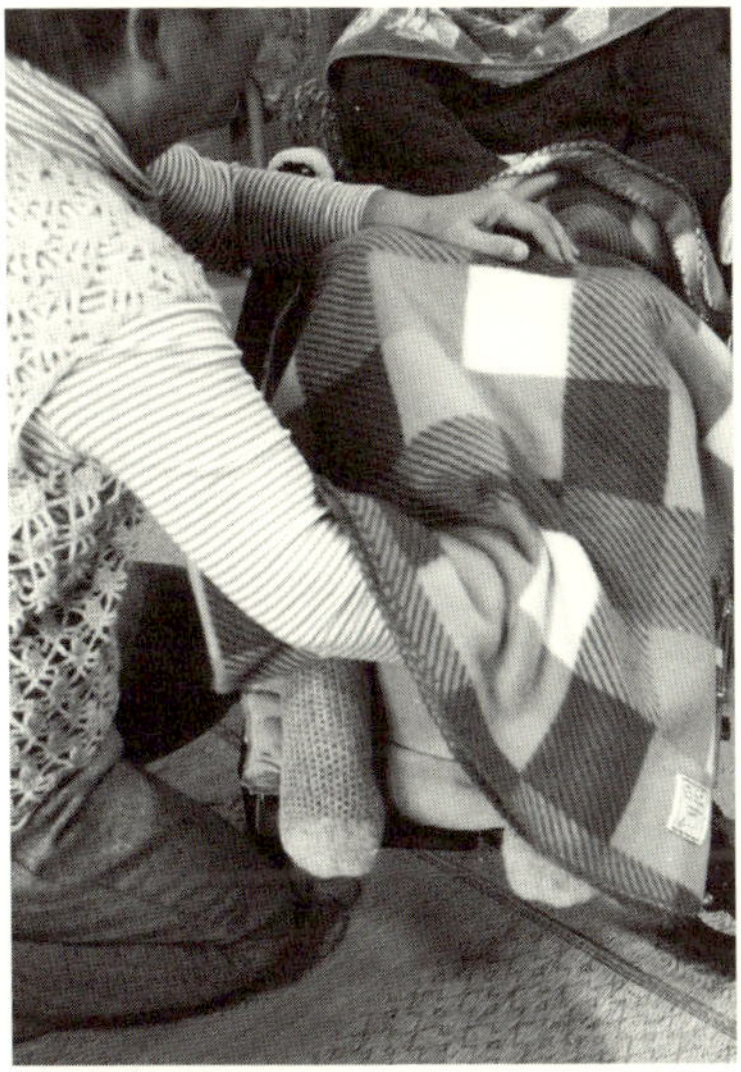

澄子さんが足をさすっていると、スエさんが「ふあ〜〜〜〜っ」と声をあげる

あとがき

こんな偶然があるのだろうか。

その日の朝、宅老所「柳町」の所長、満岡緑さんからかかってきた電話に、私は何か神聖なものに打たれたような感慨を覚えた。携帯電話の向こうで、満岡さんは数々の武勇伝を残してきた「柳町」の名物おばあちゃん、峯なほこさんがつい今しがた亡くなったと告げていた。奇しくもその日はこの本のもととなった新聞連載の最終回が朝刊に載る前日、つまり紙面通りに組み上がった版を降ろす降版日だった。

すでに「みとり」の態勢に入ったことは聞いていた。亡くなる2日前には、宅老所の一室でベッドに横になった峯さんをお別れするつもりで見舞ってもいた。間もなくそんな日がやってくることは当然覚悟していた。しかしその時の様子からは、亡くなるまでにまだ1週間ぐらいはかかるだろうという印象を受けていた。だから見舞った当日にそのつもりで最終回の原稿を書いて出稿し、翌日には最終チェックも済ませて、後は降版前に「ＯＫ」を出すばかりになっていた。その段階で峯さんは逝った。最終回の版が降りる当日の早朝に――。

この本の中の「生活の音やにおいがして」と「家に帰る前夜のさよなら」という項でも触れたように、お年寄りはまるでその日を選んだかのように亡くなることがある。峯さんとの出会いは強烈で、連載の初回から4回目まで続けて取り上げた最初の主人公とも言えるおばあちゃんだった。その彼女が連載最終回の降版日を選んで彼岸へ旅立ったのだとしたら、そのことによって何かを連載の読者に伝えてもらいたいということだったのではないか。そんな気がしてならなかった。

結局、最終回の原稿をボツにしてもらい、全面的に書き直した。それが最後の「人のぬくもり感じながら」という項である。

峯さん以外にも、ここでとりあげたお年寄りの何人もがその後亡くなった。ほとんどの人が80代、90代であることを考えると、そう遠くない将来に全員が彼岸に渡ってしまうことだろう。そして現在50代半ばの私も、あと30年もすればそういう時期を迎える。当たり前のことだが、例外なく人は老い、死んでいくものなのだ。

宅老所を取り巻く状況は年々厳しさを増している。「通う、泊まる、暮らす」という宅老所が提供してきた三つのサービスのうち、「通う」だけは介護保険制度の適用をうけているものの、それ以外は保険適用外の自主事業として行っている事業所がほとんどだ。自主事業は基本的に全額利用者負担となるが、利用者が負担できる額には限度があり、どこも採算ギリギリの料金に設定している。家族や地域社会のつながりが希薄化していく中で近年、「通う」よりも「泊まる」や「暮らす」のニーズが急速に高まってきており、その結果、多くの宅老所が経営的に苦しい状況に追い込まれつつある。

高齢者施設や病院などで多数のお年寄りが犠牲になる火災が相次いだことも苦境に追い討ちをかけた。各種防火設備の設置が求められるようになり、一般の民家を改修した宅老所の中には建物の構造上対応できない所も出てきたのだ。加えて介護保険制度スタート後に雨後の筍のように参入してきたさまざまな施設や事業所との競合もある。県による助成制度が整った宅老所王国、佐賀でも、それらの波はひたひたと足元を洗い始めていた。

「たすけあい佐賀」はこうした時代の変化に対応するため、これまで営んでいた7つの宅老所のうち「ながせ」をすでに閉鎖、「大野原」「絆」の2カ所も15年3月末に閉じることにした。そしてそれらに代わるものとして、お年寄りのデイサービス（定員25人）に有料老人ホーム（同20人）、発達障害児の子育て支援（同10人）と障害児の放課後デイサービス（同10人）などを組み合わせた地域共生ステーション「かせ」を建設中で、15年3月中に開所させる。新設するその「かせ」と残る宅老所で、これまで培ってきた家庭的で温もりのあるケアは実践されていくことになる。

この本では、制度や経営的な部分についてはほとんど触れずに宅老所に集う人々の人間模様を中心に描いてきた。制度は時代につれて変わっていき、それに合わせてこれからもさまざまな形態の事業が登場するだろうが、介護が感情も意思も持った人間を相手にする営みであることだけは変わらないからだ。ちなみに「たすけあい佐賀」が新設する「かせ」内で、「暮らす」という機能を担うことになる有料老人ホームが目指しているのは「宅老所よりも宅老所らしい有料老人ホーム」だそうである。

「たすけあい佐賀」の各宅老所のお年寄りと職員の皆さんには、時代の変化への対応を模索していた大変な時期であったにもかかわらず、1年以上の長期にわたって私の気まぐれな取材につきあっていただいた。この本が生まれたのは、その協力があったからこそである。また、今回も毎日新聞の先輩である御手洗恭二さんに私の暴走しがちな原稿をデスクとして的確にさばいてもらった。御手洗さんの助言や指摘に何度救われたことだろう。認知症のお年寄りの心理やケアについて理解する上でたくさんの本を参考にしたが、とりわけ宅老所の先駆けである「よりあい」（福岡市）の下村恵美子さん、村瀬孝生さんの著作から多くを学ばせてもらった。そして、介護の素人である私の見聞録にすぎないものを本にしましょうと声をかけてくれた南方新社の向原祥隆さん、2年前に同社から出版した「幸せのかたち」に続いて編集を担当していただいた坂元恵さんに深く感謝したい。

亡くなる2日前に見舞った時、峯さんの顔は黄だんのため黄色くなり、もう起き上がることもできなくなっていた。それでも声をかけると首を縦や横に振って答えてくれ、もう飲み込めない状態と聞かされていたのに、私が持参したイチゴをミキサーでつぶしたものをゴクッと大きな音を立てて3匙食べてくれた。布団の中から彼女が無言で差し出した右手を両手で包みこむと、何か言いたげにじーっと私の目を凝視していた。

今はただ、峯さんやほかのお年寄りたちが伝えたかったことのほんの一部でも私が書き得ていることを願うしかない。

福岡賢正

2014年12月10日

■著者プロフィール

福岡賢正（ふくおか けんせい）

1961年熊本県生まれ。京都大学農学部卒。83年毎日新聞社入社。久留米支局、福岡総局社会部、人吉通信部、福岡本部学芸課などを経て、現在は編集委員。
著書に『国が川を壊す理由』（葦書房）、『男の子育て風雲録』（毎日新聞社）、『たのしい不便』『隠された風景』『小さき者たちの戦争』『小さき者として語る平和』『幸せのかたち』『「修羅」から「地人」へ』（以上、いずれも南方新社）

いのち寿ぐために
―「たすけあい佐賀」の宅老所から―

二〇一五年二月二十日　第一刷発行

著　者　福岡賢正
発行者　向原祥隆
発行所　株式会社　南方新社
〒八九二―〇八七三
鹿児島市下田町二九二―一
電話〇九九―二四八―五四五五
振替口座〇二〇七〇―三―二七九二九
URL http://www.nanpou.com/
e-mail info@nanpou.com

印刷・製本　株式会社イースト朝日
定価はカバーに表示しています
落丁・乱丁はお取り替えします
ISBN978-4-86124-308-0 C0036